Kawaii

かわいいやきもの

柏木麻里 著
KASHIWAGI MARI

Ceramics from Japan and Around the World——Kawaii!

東京美術

はじめに

やきもの――そのことばから、みなさんは何を思い浮かべますか？　壺《つぼ》や茶碗、作務衣《さむえ》を着た陶芸家がロクロを回す姿。古くからの伝統だけど、ちょっと渋くてむずかしそう。やきものって、ほんとにかわいいの？

この本を手にとって、ページをめくっていただければ、そんな心配は軽やかに吹き飛んでしまうことでしょう。だって、やきものはかわいいのですもの。

さまざまな形、カラフルに輝く花や鳥、ガラス質の潤《うるお》いに包まれた白い肌、夢みるような甘い色、柔らかな土の表情、愛くるしくてちょっとユルい動物たち。

そして手や口にふれて使われるやきものは、手ざわり、戸外や室内の光との戯《たわむ》れ、茶会を彩る華やぎなど〈使う、さわる〉かわいさも満載です。

この本には日本、中国、朝鮮、欧州、中近東の古代から近代まで、「かわいい！」を合言葉に集結したやきものが、みなさんをお待ちしています。やきものがきっと愛しいものになる、「かわいいやきもの」への扉を、どうぞ開けてみてください。

Introduction

Ceramics: what do you associate with that word?

For many Japanese, the associated images might be tea bowls, a potter working at his wheel, or traditions from long in the past—all rather austere and complex. Can ceramics really be kawaii?

Turn the pages of this book and any doubts you may have will be resolved. Potters and decorators do indeed create charming, adorable, kawaii ceramics.

A host of forms and vivid plants and birds, lovely, dream-like hues wrapped in glass-like glazes, the tender face of the flexible clay, adorable animals: what could be more kawaii?

Ceramics are, of course, more than something to look at: we hold them in our hands, lift them to our lips, explore their interactions with the light indoors and out, their adorning of tea gatherings. To touch, to use: that, too, is kawaii.

A wide selection of ceramics, ancient and modern, that invoke the word kawaii from Japan, China, Korea, Europe, and the Middle East awaits you in this book. Please turn the page and begin your adventure in kawaii ceramics.

目次

[写真撮影]
柏木麻里（p.14上、p.28、p.30-31）／越野勝彦（p.50-51）／越田悟全（p.52-53）
広瀬達郎（p.82-83）／名鏡勝朗（p.107）

［大扉］ 色絵人物文鉢 イラン 12-13世紀 中近東文化センター

［凡例］
●本書に掲載した作品には作品名、作者、様式、寸法などを表示した。ただし寸法は高さ、口径など作品によって異なる。
●本書では原則的に一見開きに一作品を紹介したため全図、部分図の表記は行わなかった。

［写真提供・協力］（敬称略）
出光美術館
愛知県陶磁美術館／伊勢幸子／今右衛門古陶磁美術館／薄井和男／永青文庫／神奈川県立歴史博物館
京都国立博物館／宮内庁三の丸尚蔵館／国立故宮博物院（台北）／五島美術館／佐賀県立九州陶磁文化館
サントリー美術館／新潮社／石水博物館／石洞美術館／大英博物館／高取友仙窟／田邊哲人
中近東文化センター／DNPアートコミュニケーションズ／天寧寺／東京国立博物館／遠山記念館
根津美術館／PPS通信社／福岡市美術館／便利堂／三菱一号館美術館／MIHO MUSEUM
そのほか多くの方々にご協力いただきました。

こんなにかわいい、やきもの

世界が恋こがれた、やきものの国——それが日本です。欧州の貴族たちは贅《ぜい》を凝《こ》らした邸宅に、柿右衛門《かきえもん》様式の日本磁《じ》器《き》をきらびやかに飾り、大切に受け継ぎました。また日本のやきものは茶の湯によって、単なる道具ではない、命あるもののように愛《いと》おしまれる存在となりました。そう、小さな日本列島はやきもの大国なのです。

　ところで、肝心なお話。やきものって、かわいいのでしょうか？　もちろん、やきものの魅力は、すべて〈かわいさ〉に還元できるものではありません。でも思わず「かわいい！」と胸の前で両手を組んで瞳をキラキラさせてしまう、問答無用の〈かわいさ〉も確実にあるのです。

やきものならではの〈かわいさ〉、それは一体何でしょう。

素材がかわいい

　やきものは、大雑把に言えば土で形を作って焼いたもの。やきものの〈かわいさ〉は、この土から始まります。子供の頃に砂場でこねたお団子や、粘土細工を思い出してみてください。土はやわらかく、まるで生きもののよう。そのやわらかさはやきものに、生きものめいた親愛な表情を与えています。土台となる素材、土に、既に〈かわいい〉は芽生えているのです。

　そしてもう一つの素材が、やきものの表面を覆《おお》っているなめらかな肌、「釉薬《ゆうやく》」と呼ばれるガラス質の膜。潤《うるお》いをおび、絵具の色を透《す》きとおらせ、光を呼び込み輝きます。

色・白・光がかわいい

　土・釉薬という土台の上に築かれるのが、色と文様のかわいさです。やきもの特有の輝きと透明度を纏《まと》う色の数々は、とても魅力的。

　白の美しさも、やきものの永遠のテーマといえるでしょう。やわらかく温かい白、清らかに澄んだ白。白い肌のうえに落ちる影。なんといっても白は、やきものの女王です。

　光を透《す》かす、映す性質も素敵です。香り高い中国茶を愉しむ、白く薄いやきものの杯。持ち上げてお茶を飲み終わると、光を透かして外側の文様が内に見えてきます。透明さ、光のまばゆさ、繊細な影の形。現れては儚《はかな》く消えるところに、魅力が感じられます。

ひとり立つ、かわいさ

そもそも立体であるやきものは、空間の中に独りで立つもの。絵画のモチーフのように二次元のイリュージョンに溶け込むのではなく、私たち同様、この三次元の現実空間に独り存在しているのです。大きくても小さくても、丸くても四角くても、そのひとりぼっちの「佇《たたず》まい」は、胸がキュンとなるほどいじらしい。やきものをかわいく思う理由の一つでしょう。

五感にかわいい

さて、やきものの多くは、本来は使われるものでした。手にとり、両手で包み、口にふれる。中国の白いやきものを褒《ほ》める言葉に「甜白《てんぱく》」、つまり「甘き白」があります。あまりにも美しい白を、甘美な味と舌ざわりに喩《たと》えたのです。視覚と触覚、味覚が一つに溶け合う広やかな感覚の中に、やきものは受けとめられてきました。

香炉《こうろ》などは香りの嗅覚にもかかわり、さらには聴覚が刺激されることも珍しくありません。紅茶茶碗を受皿にそっと置く、かすかな音。天井の高い部屋では、その小さく澄んだ音がことのほか美しく響くでしょう。眼だけでなく、五感にかわいい。なんて贅沢《ぜいたく》！

かわいがる手と心

〈かわいい〉は、まず第一に「物」の属性です。かわいい猫、かわいい花、かわいいやきものなど。一方で、「かわいい！」という思いが湧き上がるのは、私たちの胸の中。その思いは「愛おしむ」「そばに置いておく」「しょっちゅう使う」「大事にする」「お手入れする」など、やきものを〈かわいがる〉行為につながってゆきます。

やきものは宿命的に、壊れやすい定めをもつもの。だからこそ壊さないように、やきものにさわる時は誰しも、ほんの少しやさしい手つきになるのではないでしょうか。

かわいいやきもの

さて、かわいいやきものとは何か。土や釉薬といった物質の〈かわいさ〉を土台にして、色、文様、光、形などの〈かわいさ〉が次々に花ひらく。さらにやきものへの愛着から〈かわいがる〉行為が生まれる——やきものの〈かわいさ〉は、このすべてです。

遠いものと思われがちな美術品と、私たちの日々の器《うつわ》は、眼と手を通してつながっています。こちらをさわることが、あちらをさわることに、どこかでつながっている、そんな世界です。五感を通して、私たちの人生が小さな幸せに囲まれていることをそっと気づかせてくれる、やきものたち。

かわいいやきものの世界へ、ようこそ。

第一章

〈見る〉かわいい

やきものが私たちの眼をよろこばせるかわいさは、じつに多彩です。日本で「色絵」、中国で「五彩《ごさい》」「粉彩《ふんさい》」と呼ばれる上絵付《うわえつけ》は、ガラスの膜である釉薬《ゆうやく》の上に、可憐《かれん》な色彩を集めて花や鳥を描くカラフルな世界。息をのむほど細密な描写があるかと思えば、現実を超えた大胆な色のぶつかり合いにも目を奪われます。

赤、青、緑色といった色絵具は銅やコバルトなどから作られたもの。鉱物から生まれた色彩がガラス質の釉薬と出会う時、なめらかな肌の上で色は艶《つや》めき、きらめき、楽しげに歌いだします。

カラフルの対極にある白いやきものは、「白」の多様さを見せてくれるでしょう。近代の陶芸家・板谷波山《いたやはざん》の白磁はまさに純白。一方、江戸時代の京焼陶工・野々村仁清《ののむらにんせい》の白釉《はくゆう》は、真白ではなく、薄桃色や淡い褐色をふくんだ、やわらかく温かい白。白の世界では、清らかでやさしい憩いが待ち受けています。

器《うつわ》を包み込む甘美な「色釉《しきゆう》」は、カラフルな文様とはまた別の、夢みるようなやきもの美。中国・清《しん》時代の宮廷磁器では、青林檎《あおりんご》や桃の花に喩《たと》えられた甘やかな色が生まれ、近代日本の三代清風與平《せいふうよへい》は「旭彩《きょくさい》」、板谷波山は「葆光彩《ほこうさい》」など、エレガントで甘美な、何ともいえない色を作り上げます。色そのものの魅力と、詩のような色の名も、合わせて味わいたいかわいらしさです。

「形」もまた、見逃せないかわいいポイント。土という可塑《かそ》性のある素材を生かして、動物や人の姿、扇などの道具、身近な野菜にいたるまで、あらゆるものを、かわいくかたどって器にしてしまいます。昔も今も変わらない愛くるしい犬たち、想像上の動物である龍やスフィンクスも、いじらしく、そして概《おおむ》ねちょっとユルく、登場します。

雨や雪、空気——形にとらえがたい美しい自然を、手にとれる立体の器に掬《すく》いとったやきものにも、ご注目。澄んだ白と青を生かした柿右衛門《かきえもん》と鍋島《なべしま》の器に、創意と個性あふれる〈かわいい〉をお楽しみください。

カラフル かわいい

キラキラ
可憐《かれん》
華やかに
透《す》きとおる
やきものの色
ふしぎ

やきものの
お姫様
色の花園にいます

色絵《いろえ》芥子《けし》文茶壺《もんちゃつぼ》［右］
野々村仁清
江戸時代前期　重要文化財
高四三・四cm　出光美術館

まろやかな姿に、赤、金、銀の芥子《けし》の花が、高く低く咲き乱れる。赤はあでやかに深く、金銀の花は豪奢《ごうしゃ》に輝く。茶壺は、抹茶にする前の葉茶を容《い》れる壺。

金と黒は、
京蒔絵《まきえ》の色

京のカワイイ、
詰め込みました

桃色、水色、金《きん》の色
砂糖菓子みたいな
桜の山

色絵《いろえ》吉野《よしの》山《やま》図《ず》茶壺《ちゃつぼ》［右頁・上］
野々村仁清
江戸時代前期　重要文化財　高三五・七㎝
福岡市美術館（松永コレクション）

吉野山の、和歌に詠《よ》まれた美しい桜の風景。夢のように麗《うら》らかな春景色は、ゆたかな金色の陽光にあふれ、暖かい。吉野山図は屏風絵にもあるが、これほどカラフルに彩るのは、仁清《にんせい》のオリジナル。

蝶の翅《はね》と花だけで描かれている！

きらびやかな細密《ミクロ》の宝石

円の形は、

粉彩団蝶文碗《ふんさいだんちょうもんわん》 二客
中国・清時代「大清雍正年製」銘
景徳鎮官窯
口径（右）一四・二㎝　（左）一四・三㎝
出光美術館

満州《まんしゅう》族が治めた中国・清《しん》朝《ちょう》（一六四四ー一九一二）で作られた、宮廷用の薄く上質な磁器。「蝶」は中国語で八十歳を意味する「耋《テツ》」と同音であるため、長寿をもたらす文様として愛された。

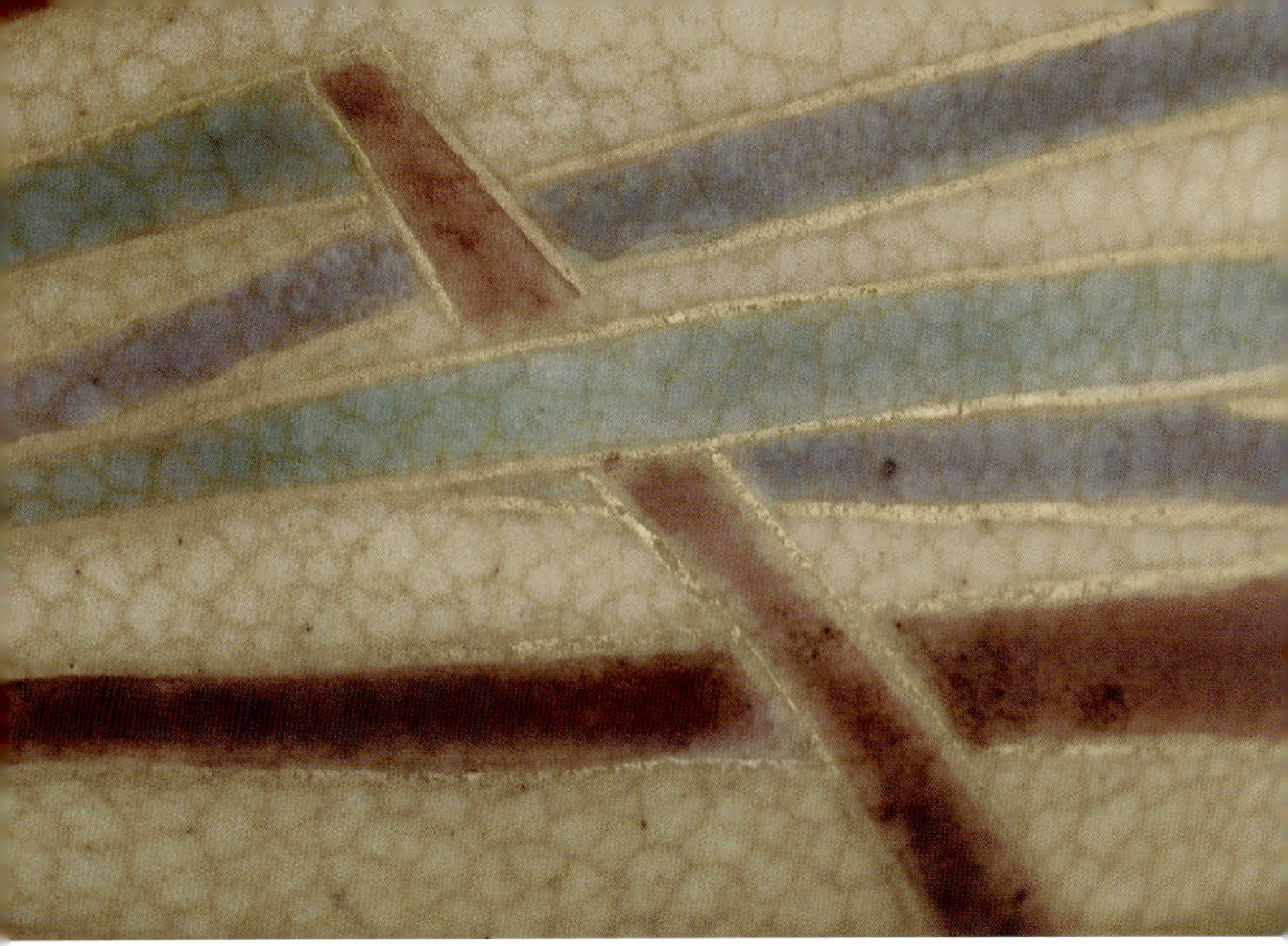

めぐる
ほどける
透きとおる
色《いろ》硝子《ガラス》のリボン

お祝いに使う「熨斗《のし》」は、心が浮き立つ、おめでたい模様

色絵《いろえ》熨斗《のし》文茶碗《もんちゃわん》
野々村仁清
江戸時代前期　口径一二・五㎝
出光美術館

水色や紫の色絵具は、ガラスのように透明。友禅染《ゆうぜんぞめ》の模様としても好まれた熨斗文の動きはよどみなく、茶席の人々をどの角度からも魅了したことだろう。

**このひとが
つくっています**

野々村仁清《ののむらにんせい》
（生没年不詳）

江戸時代前期に京焼を開花させた陶工。御室仁和寺《おむろにんなじ》門前で御室焼《おむろやき》を創始。茶人・金森宗和《かなもりそうわ》の庇護を受け、華やかな色絵と静かな白釉《はくゆう》・銹絵《さびえ》の双方に優れる。

［正面］

触れられそうな　羽毛の温かさ

粉彩《ふんさい》花鳥《かちょう》文《もん》扁壺《へんこ》

中国・清時代「大清雍正年製」銘　景徳鎮官窯
高二九・三㎝　デイヴィッド財団

なめらかな白い肌に、優美な色で繊細に描く鳥は、小さな体にやわらかな息遣いを感じさせ、花びらはどこまでもしなやか。最後の将軍・徳川慶喜《とくがわよしのぶ》から駐日英国外交官リーズデイル卿へ贈られた。

［背面］

歌うように
匂うように、
リアル。

色《いろ》絵《え》花《か》盆《ぼん》文《もん》髭《ひげ》皿《ざら》
古伊万里　江戸時代中期
口径二八・二㎝　出光美術館

おヒゲだって
かわいいお皿で
削《そ》られたい

粉《ふん》彩《さい》花《か》卉《き》文《もん》髭《ひげ》皿《ざら》
中国・清時代　景徳鎮窯
口径二六・二cm　出光美術館

外科手術で
血を受けるのに
使われたという説も?!

こんなに
かわいいのに！

右は日本製、左は中国製。いずれもオランダ東インド会社によってヨーロッパへ輸出された。理髪店などで、半円形の部分に顎をのせて髭を剃るのに使われたというが、使い方には諸説あり、ちょっぴり謎めいている。

クールビューティ！あでやか女優級《クラス》逆光の花

色絵《いろえ》菖蒲文《しょうぶもん》大皿《おおざら》
古九谷　江戸時代前期　口径三四・二㎝
出光美術館

古九谷《こくたに》の中でも、黄や緑で大胆に塗り込めたものを「青手《あおで》」という。江戸時代初期に流行した小袖《こそで》の模様集『御ひいなかた』を活用したとみられる、ファッションセンス抜群のやきもの。

背景を着物の絞り染め風に描いている。

おしゃれ！

白が好き！

白いかたち
やわらかな白
甘美な白

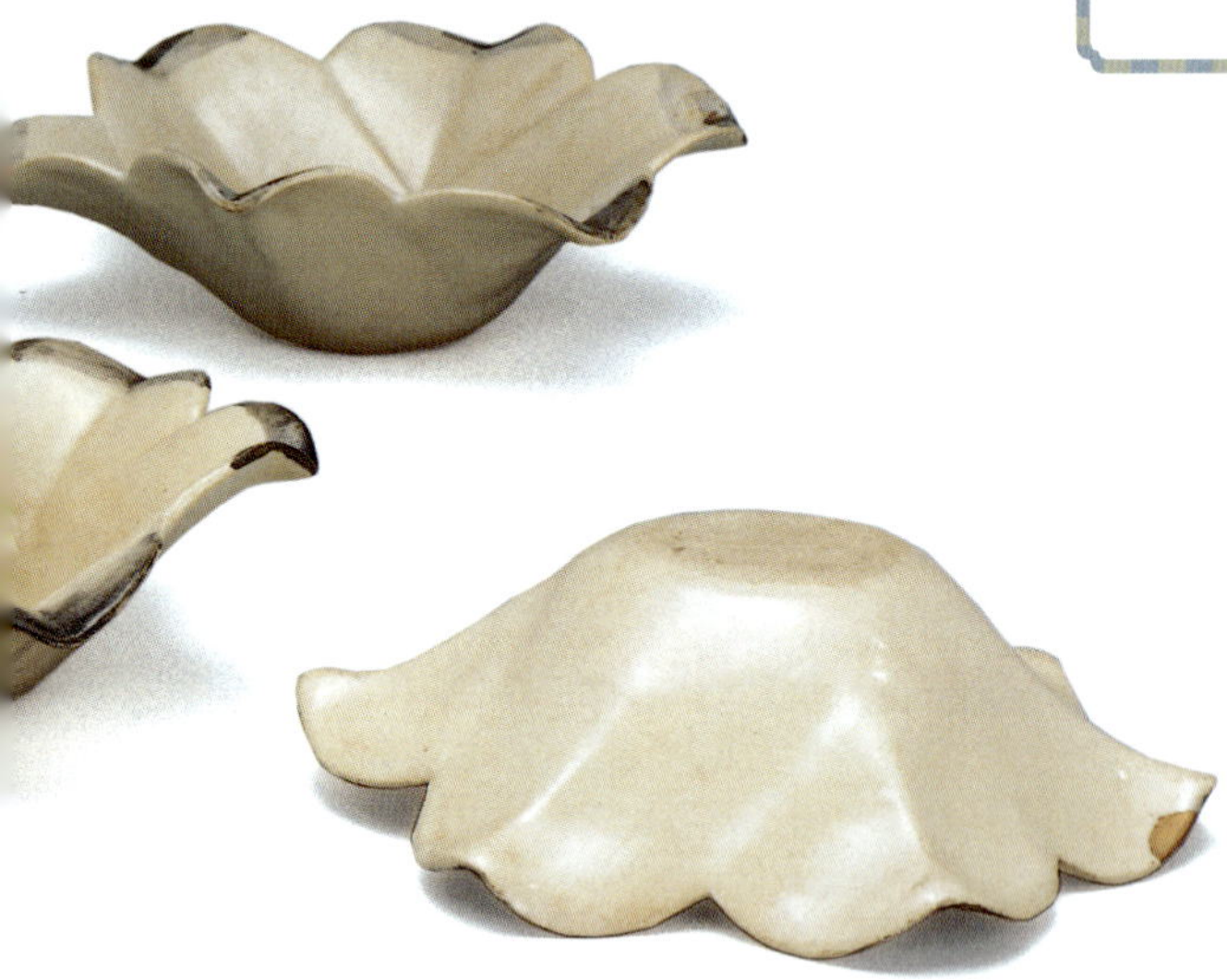

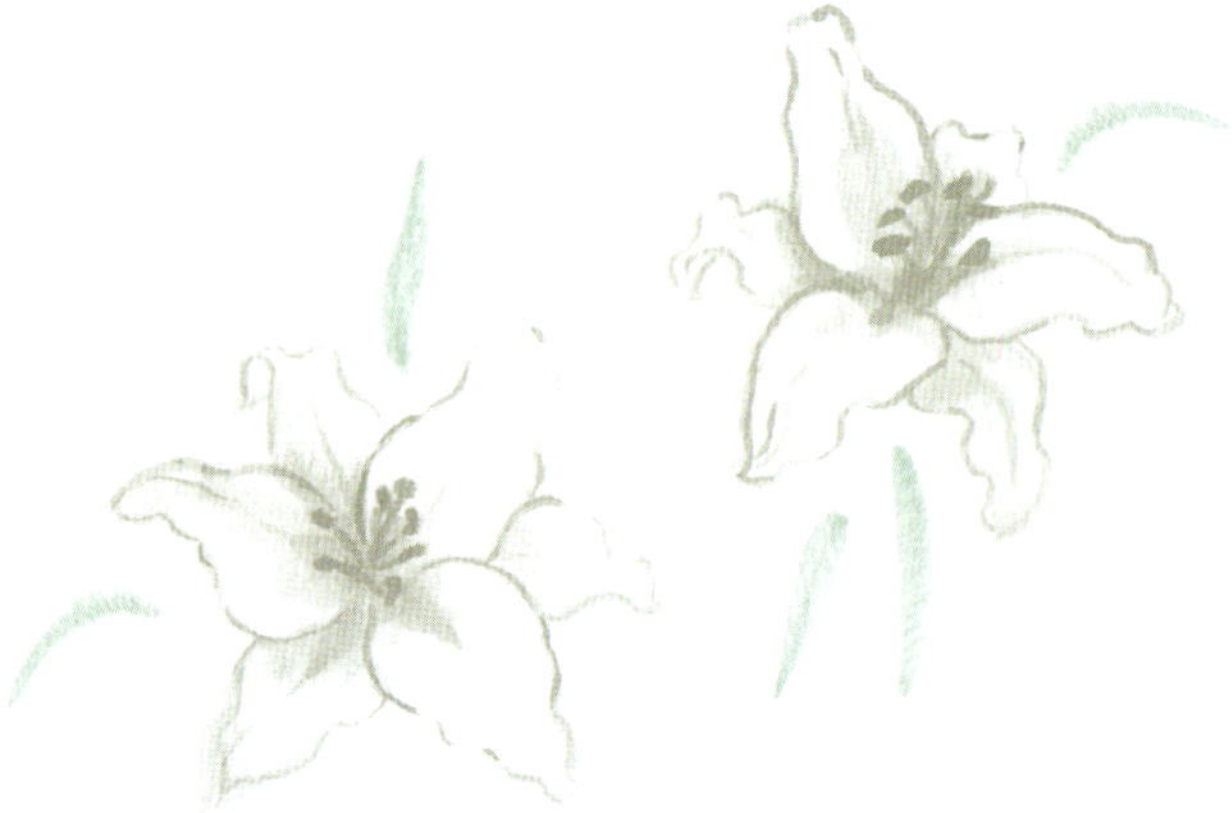

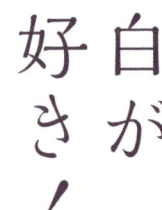

白そのものが
花ひらく

百合形向付《ゆりがたむこうづけ》　五客
野々村仁清
江戸時代前期　各口径一六・〇cm
根津美術館

ぬくもりのある白釉《はくゆう》が、百合の花のかたちを優しく包む。型で成形したなめらかな造形は、百合が内側から自然に花ひらくような、優美でやわらかい動きを湛《たた》える。

雪玉 それとも氷砂糖の清らかさ

葆光白磁牡丹文花瓶《ほこうはくじぼたんもんかびん》
板谷波山
大正時代末期～昭和時代初期
高二六・〇cm　出光美術館

板谷波山《いたやはざん》のやきものには、東京美術学校で学んだ彫刻の技が生かされた。牡丹唐草文は、厚くかかる釉薬《ゆうやく》の下から、光に応じて姿を見え隠れさせる。

波山の〈白〉

板谷波山は自身の手がけた白いやきものにさまざまな〈白〉を見いだし、愛し、これを名づけた。

白に白を重ねたような、純白の「白磁」。内から発光するかに見える、「光を包む」という意味の「葆光白磁」。薄青い影の差す「氷華磁《ひょうかじ》」。淡紅色をひそめた「蛋殻磁《たんかくじ》」など、その名づけも詩のように美しい。

白に溺《おぼ》れる。

色絵《いろえ》花鳥《かちょう》流水《りゅうすい》文《もん》蓋物《ふたもの》
柿右衛門　江戸時代前期
口径二一・二㎝　出光美術館

柿右衛門様式のやわらかな乳白色は「濁《にご》し手《で》」と呼ばれる。地文様を線描ではなく凹凸《おうとつ》だけで表しているため、見る角度によってある時は地文様が消え、ある時は器《うつわ》全体が、この上なく優美な流水文に包まれる（30頁）。

型押《かたおし》の波文様

とってもシック！

浮世絵の「空摺《からずり》」みたい

ホイップ
クリーム!

薄桃色にはにかんで
白、ふくらみました

白釉《はくゆう》耳付《みみつき》水指《みずさし》
野々村仁清
江戸時代前期　高一五・二cm
出光美術館

ほとんど球体をなす水指は、よどみなく、なめらかに挽《ひ》き上げられており、仁清《にんせい》のロクロの技を堪能できる。重心が上にあるため、浮き上がるように軽快で優美。

Image: TNM Image Archives

青花木蓮文瓶《せいかもくれんもんへい》
中国・清時代前期
景徳鎮窯　高 44.6cm
東京国立博物館

コラム

白を生む色

白——純粋無垢《むく》な光の色、陰影と色へ開かれた可能性。

白は、やきものの歴史にとって永遠の憧れだ。白一色の白磁だけではない。白磁の地の〈白〉を文様に、特に白い花の清らかさをあらわすために生かしたやきものがある。そこでは色が、〈白〉を作りだす。

「青花木蓮文瓶《せいかもくれんもんへい》」の白木蓮は、白絵具を使わずに描かれている。花の周りを青く染めることで、淡緑をわずかに含んだ白い花弁の色や、宵闇《よいやみ》に匂い立つ風情までも醸《かも》しだす。

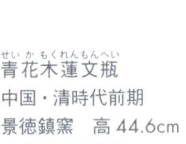

「色絵石楠花文皿《いろえしゃくなげもんさら》」も同じく、赤で輪郭と蕊《しべ》を描くことで、薄紅色の萌《きざ》す石楠花の白い花びらを、見る人の目の上に再現してみせる。

野々村仁清《ののむらにんせい》の「銹絵水仙文茶碗《さびえすいせんもんちゃわん》」は、花の下に白泥《はくでい》を置き、褐色の銹《さび》絵《え》をほんのわずかに刷《は》いて、水仙の控えめで気品高い姿と香りを浮かび

色絵石楠花文皿《いろえしゃくなげもんさら》
鍋島
江戸時代中期
口径20.6cm
サントリー美術館

上がらせた。

　いずれも色に廻り道をすることで、とらえがたい〈白〉に外側から近づいてゆく、美しい方法である。

銹絵水仙文茶碗《さびえすいせんもんちゃわん》　野々村仁清　江戸時代前期　口径12.4cm　天寧寺

夢見る色
甘い色

名づけられない甘い色
繊細な
春の空のような
みずみずしい果物のような
雪に宿る光
いい匂いがする
夢の色

包み
めくれ
ひるがえる
ガラス質の夢

彩磁《さいじ》玉葱形《たまねぎがた》花瓶《かびん》
板谷波山
明治三〇年代　高七・六㎝　出光美術館

甘美な色彩と、ガラス質の釉《ゆう》の光沢、それらの溶け合う動きが、そのまま玉葱《たまねぎ》の形を成す小品。明治期の波山が学んだ欧州のアール・ヌーヴォー様式にも、野菜の形に美麗な色を与えた作品がある。

このひとが
つくっています

板谷波山《いたやはざん》
(1872-1963)

明治末期から昭和中期の陶芸家。優美な作風、精緻《せいち》な彫刻文、光を表現する葆光彩磁《ほこうさいじ》が名高い。1953 年に陶芸家として初の文化勲章を受章。

春はわたあめ

燕《つばめ》も、うっとり

旭彩山桜花瓶《きょくさいやまざくらかびん》

三代　清風與平

明治三八年（一九〇五）　高四三・三㎝

宮内庁三の丸尚蔵館

山桜と燕を浮彫した白磁を、「旭彩」という、三代《さんだい》清風與平《せいふうよへい》自身の創案による色彩で包み込む。典雅な透明感と、甘くやわらかく上品な色合いは、清風の独壇場で、近代陶芸の傑作の一つとされる。

このひとがつくっています

三代《さんだい》 清風與平《せいふうよへい》
（1851 - 1914）

明治から大正初期の陶芸家。中国陶磁に学びつつ「瑍白磁《かんはくじ》」「旭彩《きょくさい》」など独自の清らかで甘美な作品を創出。1893 年陶芸家として初の帝室技芸員。

蘋果《りんご》の緑

蘋果緑水滴《ひんかりょくすいてき》
中国・清時代「大清康熙年製」銘
景徳鎮官窯　胴径九・四㎝
デイヴィッド財団

「蘋果緑」は「林檎《りんご》の緑」という意味の、美しい緑釉《りょくゆう》。清朝の宮廷用磁器を焼いた景徳鎮官窯《けいとくちんかんよう》で誕生した。文房具である水滴の形もあいまって、青林檎のように愛らしい。

桃花紅合子《とうかこうごうす》　二客［左頁］
中国・清時代「大清康熙年製」銘
景徳鎮官窯　重要美術品
高（右）四・〇㎝（左）三・七㎝　永青文庫

桃の花を思わせる可憐な色から、欧米で「ピーチブルーム」と愛称され、「桃花紅」の名が広まった。中国ではささげ豆の色「豇豆紅《こうとうこう》」と呼ぶ。二つとも、印肉を入れて使われたあとが残る。

桃の花びらの紅《あか》

清朝官窯《しんちょうかんよう》の〈色と名〉

中国・清朝の景徳鎮官窯は、妙《たえ》なる色調と詩的な名をもつ色釉《しきゆう》を数多く生みだした。ここにあげた他にも、月白《げっぱく》釉(淡い水色)、茄皮紫《かひし》釉(濃紫)、烏金《うきん》釉(黒)など、色も名もゆかしい。香りをかぎわけるように、微細な色調に分け入り、これを具現化したのが清朝官窯であった。まさに陶磁美のひとつの極である。

夢のように

お買上げの本のタイトル（必ずご記入ください）

お名前《フリガナ》　　　　**年齢**　　歳（男・女）

ご職業

ご住所

〒　　　　　　（TEL　　　　　　）

●**この本をどこでお買上げになりましたか？**

書店／　　　　美術館・博物館

その他（　　　　　　）

●**最近購入された美術書をお教え下さい。**

●**今後どのような書籍が欲しいですか？　弊社へのメッセージ等もお書き願います。**

※お預かりした個人情報は新刊案内や当選本の送呈に利用させていただきます。原則として、ご本人の承諾なしに、上記目的以外に個人情報を利用または第三者に提供する事はいたしません。ただし、弊社は個人情報を取扱う業務の一部または全てを外部委託することがあります。なお、上記の記入欄には必ずしも全て答えて頂く必要はありませんが、「お名前」と「住所」は新刊案内や当選本の送呈に必要なので記入漏れがある場合、送呈することが出来ません。

個人情報管理責任者：弊社個人情報保護管理者

※個人情報の取扱に関するお問い合わせ及び情報の修正、削除等は下記までご連絡ください。

東京美術出版事業部　電話 03-5391-9031　受付時間：午前10時〜午後5時まで（土日、祝日を除く）

郵　便　は　が　き

恐縮ですが
切手をお貼り
ください

170-0011

東京都豊島区池袋本町3-31-15

(株)東京美術　出版事業部　行

毎月10名様に抽選で
東京美術の本をプレゼント

この度は、弊社の本をお買い上げいただきましてありがとうございます。今後の出版物の参考資料とさせていただきますので、裏面にご記入の上、ご返送願い上げます。
なお、下記からご希望の本を一冊選び、○でかこんでください。当選者の発表は、発送をもってかえさせていただきます。

もっと知りたい歌川広重
もっと知りたい歌川国芳
もっと知りたいクリムト
もっと知りたいガウディ
もっと知りたい書聖 王羲之

てのひら手帖【図解】日本の絵画
てのひら手帖【図解】日本の仏像
てのひら手帖【図解】日本のやきもの
てのひら手帖【図解】日本の漆工

ビアズリー怪奇幻想名品集
鏑木清方　清く潔くうるはしく

すぐわかる日本の美術 [改訂版]
すぐわかる西洋の美術
すぐわかる東洋の美術 [改訂版]
すぐわかる日本の神々
すぐわかる産地別やきものの見わけ方 [改訂版]

北斎クローズアップⅠ　伝説と古典を描く
北斎クローズアップⅡ　生きるものへのまなざし
北斎クローズアップⅢ　江戸の美人と市井の営み

かわいい琳派
かわいい絵巻
かわいい妖怪画

花の聖域《サンクチュアリ》

葆《ほ》光《こう》彩《さい》磁《じ》草《くさ》花《ばな》文《もん》花《か》瓶《びん》
板谷波山
大正六年（一九一七）
高二六・八㎝　出光美術館

「光を包む」という意味の「葆光彩」。光の中から、甘美な色が匂い立つ。かよわい花が水を吸って立ち上がる、繊細でありながら凛《りん》とした力を、みごとにとらえている。

色を ゆめみる 雪の あけぼの

粉引茶碗《こひきちゃわん》　銘《めい》　雪《ゆき》の曙《あけぼの》

川喜田半泥子

千歳山窯　昭和時代前期　口径一四・三㎝　石水博物館

淡雪のような白釉《はくゆう》に包まれた茶碗は、桃色に水色に窯変《ようへん》する。豪快でありながら、口はロクロで挽《ひ》き上げたままのやわらかさで、色も形も汲《く》みつくせない魅力に富む。半泥子の代表作。

このひとが つくっています

川喜田半泥子《かわきたはんでいし》
(1878-1963)

三重県の旧家の当主として財界で活躍しつつ、陶芸や書、俳句の創作を行った。唐津や萩などの名碗に学ぶ茶碗は洒脱で、優美さをひそませた自由な作風。

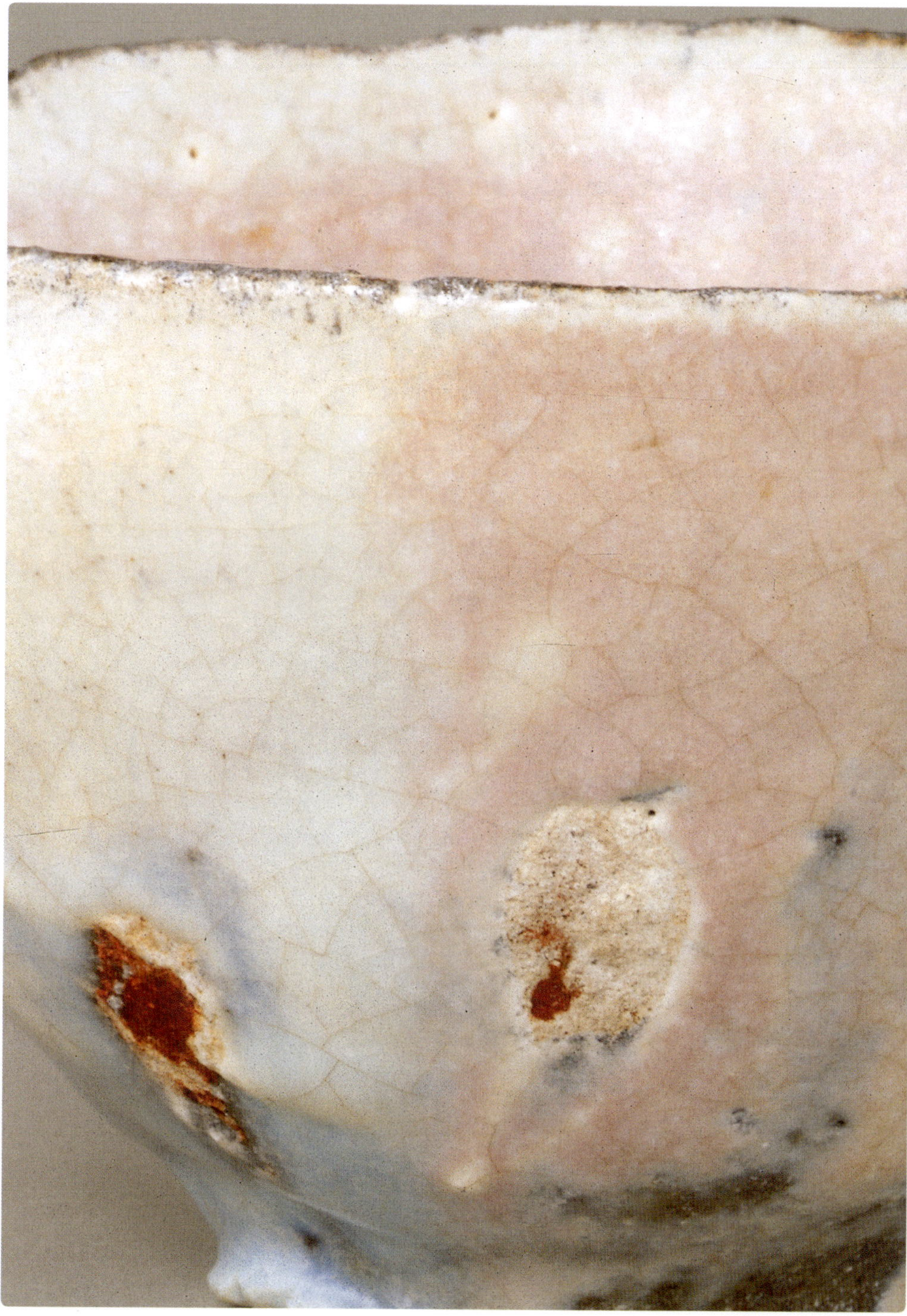

写真提供：株式会社便利堂（両頁とも）

かたどる かわいさ

身のまわりにある
素敵な形
おもしろい形を
かたどる
キュートな遊び心

王子様のような凛々《りり》しさ！

筍《たけのこ》プリンス

青磁筍形水注《せいじたけのこがたすいちゅう》

朝鮮・高麗時代　高一九・五㎝　出光美術館

朝鮮半島の高麗《こうらい》王朝（九一八─一三九二）は、「翡色《ひしょく》」すなわち翡翠《カワセミ》の羽の色と讃《たた》えられる、美しい高麗青磁を生んだ。酒などを入れる水注は筍、瓢箪《ひょうたん》、童子の姿など、さまざまな愛らしいものをかたどる。

蓋《ふた》の透《す》かしから、お香がたゆたう

虫籠《むしかご》可憐《かれん》
きこえてくるのは香りです

色絵花卉文虫籠形香炉《いろえかきもんむしかごがたこうろ》
古伊万里　江戸時代中期　口径八・四㎝
出光美術館

鈴虫、蛍などを飼う、小さな虫籠をかたどった香炉。香道の「聞香《もんこう》」を、虫の音を「聞く」にかけた、雅やかな遊び心にあふれている。蓋には籠を結ぶ紐と房もあしらう。元禄期に流行した、愛らしい器形。

W《ダブル》うさぎ

古染付《こそめつけ》兎《うさぎ》形《がた》向付《むこうづけ》
五客の内
中国・明時代末期
景徳鎮窯　一六・一×九・八㎝
石洞美術館

中国・明時代末期の景《けい》徳鎮窯《とくちんよう》で、日本からの注文で作られた古染付。兎、馬、魚などの動物を表と裏にデザインした向付（懐石《かいせき》料理の器《うつわ》）は、いかにものびやかで、楽しい。

眉があったり、
なかったり

しっかり兎《うさぎ》と、
ほんわか兎

底面

ひとつとして
同じものがない！

紅葉《もみじ》と
波を
ひと掬《すく》い
かわいいお皿に
なに乗せよ♪

色絵《いろえ》龍田川《たつたがわ》図向付《ずむこうづけ》　十客
尾形乾山
江戸時代中期　口径十六・三〜一八・〇cm
MIHO MUSEUM

和歌に詠《よ》まれた紅葉の名所、龍田川。そのあざやかに照り映える紅葉の葉と川波を、一つにかたどる向付。懐石の食器にしたことで、和歌の世界を手に触れられるものへと引き寄せている。

**このひとが
つくっています**

尾形乾山《おがたけんざん》（1663-1743）

江戸時代中期、京都で乾山焼《けんざんやき》を創始。兄は絵師の光琳《こうりん》。和歌に基づく色絵や漢詩をあらわす水墨画風の銹絵《さびえ》、中国やオランダ陶に学ぶ懐石具《かいせきぐ》など多彩。

六つならんで
青の垣根
桜が
ふうわり
遊びにきたよ

色絵《いろえ》柴垣《しばがき》桜花文《おうかもん》向付《むこうづけ》　六客
鍋島　江戸時代中期　各高六・八㎝
出光美術館

針のように細い染付《そめつけ》線は、うつわの形に沿って柴垣を構成し、その上には春を告げる桜の花が舞いおりる。現実と非現実を巧みに交差させる意匠は、鍋島の美の秘密の一つ。

ひと味違う
切り口が
魅力！

すぐわかるシリーズ

図版・イラスト・
チャート多数
A5判
128～240ページ
本体価格1,800円～
2,200円

◎「これだけは
知っておきたい」
基本がわかる
◎どこから読んでも
楽しめる
見開きワンテーマ
◎持ち運びに便利な
ハンディサイズ

価格は本体価格（税抜）、
★印は増補改訂・改題版を示します。

美術

名画・名品を精選
美術館めぐりのお供に！

すぐわかる 画家別 西洋絵画の見かた ★

◎岡部昌幸 著
◎2,000円
14世紀から20世紀までの画家53人の名画の秘密をさまざまな角度から読み解く。

すぐわかる 作家別 アール・ヌーヴォーの美術 ★

◎岡部昌幸 著
◎2,000円
現代美術の源となる19世紀末の装飾美術を建築やデザインも含めて総合的に解説。

すぐわかる 東洋の美術 ★

一 監修
円
展したアジ
美術の見ど
代の精華を
紹介する。

すぐわかる 西洋の美術 絵画・彫刻＆建築と工芸

◎宝木範義 監修
◎2,000円
原始から現代までの多彩な美の様式を整理して紹介。名作鑑賞に役立つ一冊。

すぐわかる 画家別 幻想美術の見かた ★

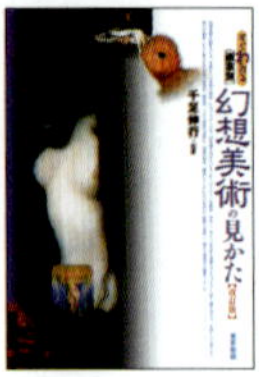

◎千足伸行 監修
◎2,000円
日本初紹介も含む中世から20世紀の作品を紹介。内面世界の表現の魅力を探る。

すぐわかる 20世紀の美術

◎千足伸行 著
◎2,200円
フォーヴィスムからコンセプチュアル・アートまでの流れを見渡し、意味を解説。

すぐわかる 日本の美術 ★

佐夫 監修
円
名作の魅力
背景を整理
。どのように
かも図解。

すぐわかる キリスト教絵画の見かた

◎千足伸行 監修
◎2,000円
場面の意味やテーマ、登場人物、アトリビュート（シンボル、目印）を読み解く。

すぐわかる 作家別 ルネサンスの美術

◎塚本 博 著
◎2,000円
画家・彫刻家・建築家42人の特徴と、この時代に繁栄した各都市の魅力を紹介。

すぐわかる ヨーロッパの装飾文様 美と象徴の世界を旅する

◎鶴岡真弓 編著
◎2,000円
5000年にわたり、装飾美術の華、文様とシンボルに込められてきた世界観を読み解く。

すぐわかる 日本の絵画 ★

彦 著
円
水墨画・浮世
分野別・時代
作を紹介し、
き彫りに。

すぐわかる ギリシア・ローマ神話の絵画 ★

◎千足伸行 監修
◎2,000円
各場面の意味をわかりやすく絵解き。神話の美女についての巻頭口絵を増補。

すぐわかる 画家別 印象派絵画の見かた

◎島田紀夫 監修
◎2,000円
画家18人の代表作を満載。素顔から印象派の変遷、社会的背景まで全容がわかる。

すぐわかる イスラームの美術 建築・写本芸術・工芸

◎桝屋友子 著
◎2,000円
独自に発展を遂げた装飾文様、モスク、書、絵画、工芸などの華麗な傑作の見方。

すぐわかる 絵巻の見かた ★

吾 監修
円
ラマや王朝ロ
ど分野別にイ
を交えて物語
愉しむ。

岩佐又兵衛作品集
MOA美術館所蔵全作品

◎矢代勝也 著
◎3,000円
絵巻をひもとけば
驚きの連続。
常識をくつがえす
又兵衛の表現力

ミュシャ作品集
パリから祖国モラヴィアへ

◎千足伸行 著
◎2,800円
アール・ヌーヴォーの
旗手として、一世を
風靡した優美な
作品を満喫

作品集

大きな判型で細部までじっくり鑑賞

油彩画や版画、絵巻、ポスター、建築まで、大画面で作品に迫ります。

A4判／168～200頁
オールカラー

鏑木清方
清く潔くうるはしく

◎宮﨑 徹 著
◎2,600円
繊細な線と色で
描かれた、
凛とした女性たちの
風流とやまとごころ

◎田中友子 著
◎2,400円
世界中の芸術家に
愛される幻の絵本を、
初版と原画で見せる
日本初の画集

伊藤若冲作品集

◎太田 彩 著
◎3,000円
生命を写すことに
心血を注いだ若冲画業の
集大成と、こだわり抜いた
表現の秘密

ミュシャ装飾デザイン集
『装飾資料集』『装飾人物集』

◎千足伸行 著
◎2,800円
絶頂期に刊行された
幻のデザイン集を
完全収録。デザインに
かかわるすべての人に

クリムト作品集

◎千足伸行 著
◎3,000円
世紀末ウイーンが
生んだ異才の
装飾性豊かな
傑作の数々

鈴木其一
琳派を超えた異才

◎河野元昭 著
◎2,800円
時代を超えた
デザイン感覚が
高く評価される
其一、待望の作品集

◎鹿島 茂 著
◎2,800円
多様な才能を集めた
造本芸術の粋を贅沢
に収録。愛書家垂涎
の珠玉の作品集

川瀬巴水作品集

◎清水久男 著
◎3,000円
描き続けたのは、
今はない日本の風景。
その色を極限まで
再現したベストセラー

ミュシャ スラヴ作品集

◎千足伸行 著
◎3,000円
晩年の大作《スラヴ
叙事詩》全20作を
読み解き、ミュシャ
の魂にふれる

オットー・ワーグナー建築作品集

◎川向正人 監修・著
◎3,600円
古都を近代化し
街並景観の概念を
変えた先駆者による
壮大なる夢の形

神坂雪佳
琳派を継ぐもの

◎細見美術館 監修
◎2,600円
伝統を礎に、独創的
な作風とデザインで
新風を巻き起こした
並外れた才能

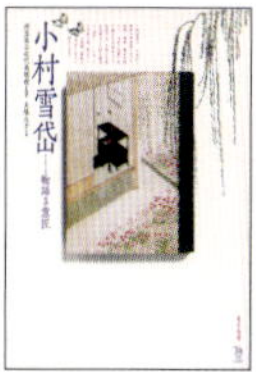

◎埼玉県立近代美術館 監修
◎2,800円
デザイナーの
先駆者、雪岱の
装幀と挿絵の傑作を
厳選した決定版

北斎 クローズアップ
全4巻

類いまれな観察力や、独自の着眼点、演出の巧みさ、それらを表現しうる高度な技術に注目し、全4冊にわたってひもとく大型画集

Ⅳ 風景画
―名所絵からの昇華

Ⅲ 江戸の美人
と市井の営み

Ⅱ 生きるものへ
のまなざし

Ⅰ 伝説と古典を
描く

A4判／112頁／オールカラー　◎永田生慈 監修・著　◎各2,500円

◎西山純子 著
◎2,600円
漱石がいち早く
認め、愛した
「装飾芸術家」の
時代をリードした感性

「宗達」を見出し、世界に誇る装飾芸術を大成した琳派最大の巨人

もっと知りたい
尾形光琳
仲町啓子 著
1,600円

サロンのスターが江戸の粋を凝縮、理知が支えた優美艶麗

もっと知りたい
酒井抱一
玉蟲敏子 著
1,600円

江戸と明治、狩野派と浮世絵……二つを生きた絵師の悲哀とほとばしる画才

もっと知りたい
河鍋暁斎
狩野博幸 著
1,800円

他の追随を許さない卓抜した描写力で日本画史上に輝く巨匠の魅力

もっと知りたい
竹内栖鳳
平野重光 監修
1,800円

風景の描写に宿る詩情と静寂。描き続けた、ひとすじの道

もっと知りたい
東山魁夷
尾崎正明 監修
1,600円

人を惹き付ける太郎の芸術と人生枯れることのない創造の泉に迫る

もっと知りたい
岡本太郎
佐々木秀憲 著
1,800円

スペイン激動期の光と影を描き続けた、時代の証言者にして近代絵画の予言者

もっと知りたい
ゴヤ
大高保二郎・松原典子 著
1,800円

農民とともに生きた画家は、描くことで自然を賛美した

もっと知りたい
ミレー
高橋明也 監修
1,800円

アール・ヌーヴォーとアール・デコ、二つの時代に君臨した宝飾とガラスの鬼才

もっと知りたい
ルネ・ラリック
鈴木 潔 著
1,600円

アール・ヌーヴォーの花形から祖国愛に燃える反骨の画家へ

もっと知りたい
ミュシャ
千足伸行 著
1,600円

人生の悲しみと民族の苦難を刻んだ自由な魂が奏でる愛と歓びのメッセージ

もっと知りたい
シャガール
木島俊介 著
1,800円

日常に潜む謎と不条理をシュールな現実に変える視覚の魔術

もっと知りたい
マグリット
南雄介 監修・著
1,800円

最古の木造伽藍《がらん》は仏像彫刻の源流と日本仏教の歴史を知る仏像の一大宝庫

もっと知りたい
法隆寺の仏たち
金子啓明 著
1,800円

遷都千三百年、古都の移ろいの中たたずみ続ける仏たちのまなざし

もっと知りたい
興福寺の仏たち
金子啓明 著
1,800円

根本道場の諸尊に、巨人空海が創出した新たな密教の世界観をみる

もっと知りたい
東寺の仏たち
東寺 監修
1,800円

国よ民よ、安寧なれ。守り伝えられてきた創建時の精神と文化、その壮大な物語

もっと知りたい
東大寺の歴史
坂東俊彦ほか 著
1,800円

一門の実力が見せつける百花繚乱、天才奇才の競演

もっと知りたい
狩野派
—探幽と江戸狩野派—
安村敏信 著
1,800円

最大最強画派のカリスマ絵師と京の後継者たちの栄光と苦難

もっと知りたい
狩野永徳と京狩野
成澤勝嗣 著
1,800円

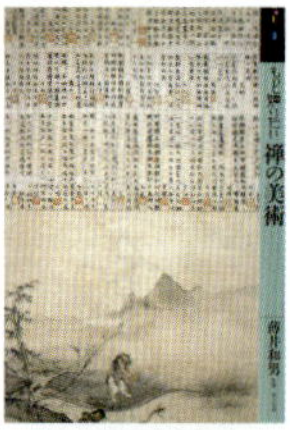

悟りの境地を絵画や枯山水で表現。具現化された禅の心を読み解く

もっと知りたい
禅の美術
薄井和男 監修
2,000円

形やしぐさを読み解き、古代の暮らしを再現。はにわの魅力にどっぷりつかる！

もっと知りたい
はにわの世界
若狭 徹 著
1,800円

帝都600年の濃密な歴史が生み出した栄光と退廃の文化

もっと知りたい
世紀末ウィーンの美術
千足伸行 著
1,800円

書の美を一変させた達人の、真筆がなくても崇められる実力と、「神格化」ラプソディ

もっと知りたい
書聖王羲之の世界
島谷弘幸 監修
1,800円

狂人か天才か？独創的なデザインで今なお多くの芸術家に影響を与え続ける

もっと知りたい
ガウディ
入江正之 著
2,000円

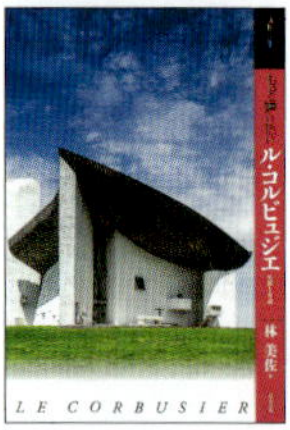

芸術と機能の調和を実現した近代建築の巨人。その偉大さを探求

もっと知りたい
ル・コルビュジエ
林 美佐 著
2,000円

鍋島、それはセレブのやきもの。

鍋島《なべしま》は、鍋島藩から将軍家などへの献上品として作られた、特別なセレブ御用達《ごようたし》品であった。宴席用の大皿や揃《そろ》いの食器などが知られる。染付《そめつけ》で輪郭をとった絵付は繊細をきわめ、澄んだ青が涼やかな色絵には、エレガントで格調高い美の世界が広がる。

真珠のピアスや
角砂糖、金平糖《こんぺいとう》も
入れたいな♪

綺麗《きれい》な貝殻《かいがら》大好き！

小物入《こものい》れ「貝殻《かいがら》に亀《かめ》」
イギリス　ロイヤル・ウースター社
一八八〇年頃　幅一一・〇㎝
三菱一号館美術館

二枚貝の貝殻によじのぼろうとする、亀。海辺の小さな生きものをかたどる、美しい小物入れである。貝殻と亀は大小があべこべで、亀は金彩に包まれ、現実を離れた夢想を感じさせる。

原寸大

釘《くぎ》の頭を隠すための、
かわいすぎる小道具

京《みやこ》発♥Cuteなインテリア

色絵釘隠《いろえくぎかくし》　二十一個の内
伝　野々村仁清
江戸時代前期　重要文化財
縦五・七－七・二㎝　京都国立博物館

釘隠は、柱に打ちつけられた釘の頭を隠すために使われる。七宝などの金属製が多いが、仁清《にんせい》はこれを、和菓子のようにかわいいやきものであらわした。丸亀藩主・京極家に伝来した仁清陶の一つ。

雲がくるくる、
ふんわりしてる

きれいな雨・雪・空気

自然の恵みの
雨と雪
氷のつめたさ
そして美しい空気を
青と翠《みどり》
光と白で
やきものに

見あげれば
透きとおる
雨

瑠璃《るり》釉《ゆう》雫《しずく》文《もん》花形《はながた》皿《ざら》
鍋島　江戸時代前期
口径一六・八×一三・八㎝
今右衛門古陶磁美術館

薄瑠璃《うするり》色の染付《そめつけ》に染まる変形皿は、型作りによる雲形の凹凸《おうとつ》があり、中心から美しく放散される白い雫形は、染付を掻《か》き落としてあらわしている。裏面には雷文も描かれる。

空いちめん
たっぷりの
やさしい雨

色絵《いろえ》梅《うめ》に雷《らい》雨《う》文《もん》大鉢《おおばち》

柿右衛門　江戸時代前期
口径三二・八㎝　東京国立博物館

ゆたかで穏やかな雨の表現は、型紙を当て、刷毛で染付《そめつけ》の濃淡を重ねている。内面に梅の花を、雨には雲と雷文を添えて、雨と雷の音、そして梅の香りまでが感じられる。

Image: TNM Image Archives

キレイ色の雷《かみなり》も、
かわいく鳴っている

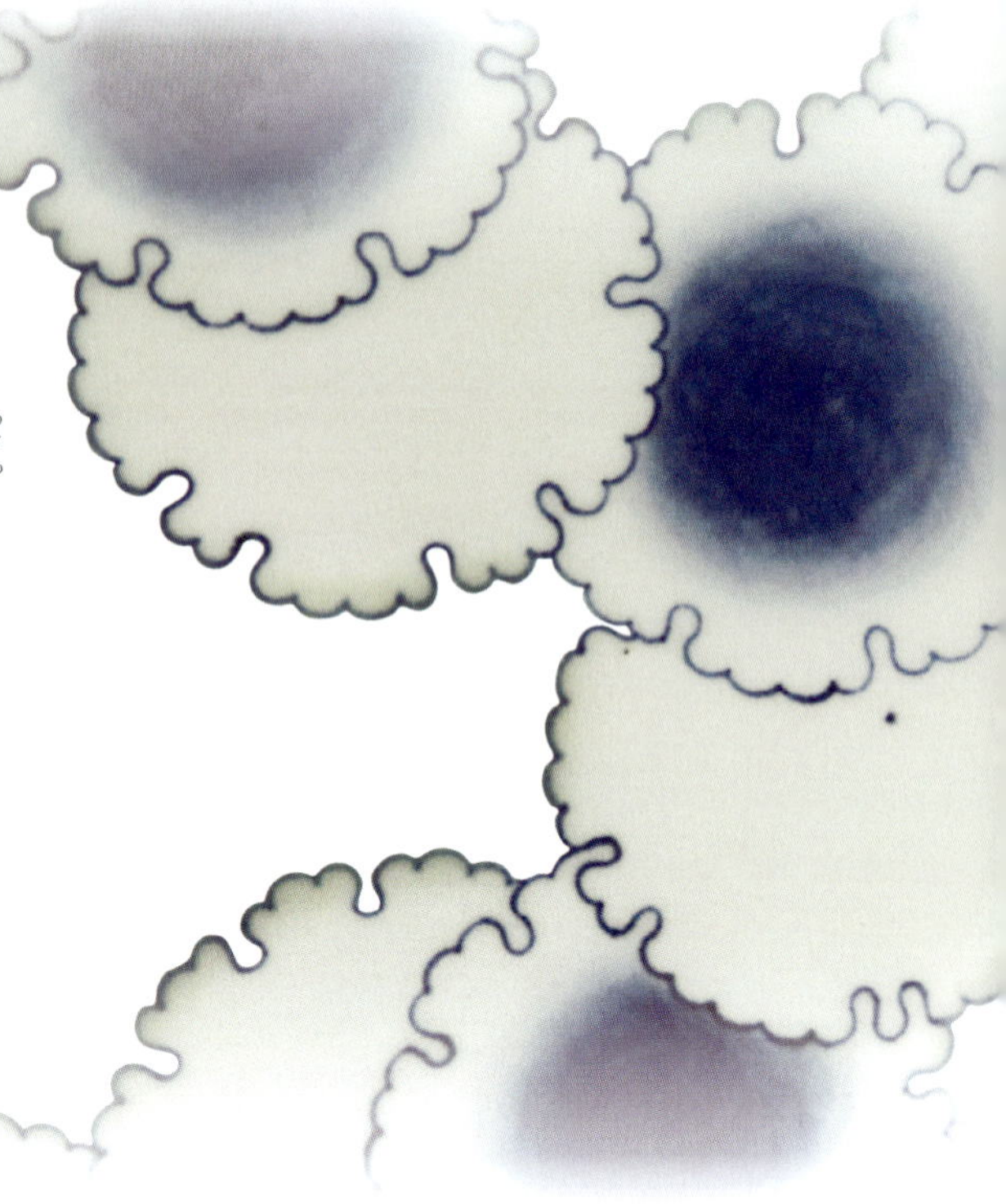

涼しい雪輪《ゆきわ》の模様は
夏にも好まれました

雪んこ　ひらり　雪んこ　きらり

青磁《せいじ》染付《そめつけ》雪輪《ゆきわ》文皿《もんさら》
鍋島　江戸時代中期　口径二〇・二cm
今右衛門古陶磁美術館

雪の降る年は豊作になるといわれ、雪輪は幸福をもたらす文様として愛された。雪輪の輪郭線はくっきりと、青磁釉《ゆう》と染付の青いぼかしはやわらかく、冷たさと温もりの魅力を併せもつ。

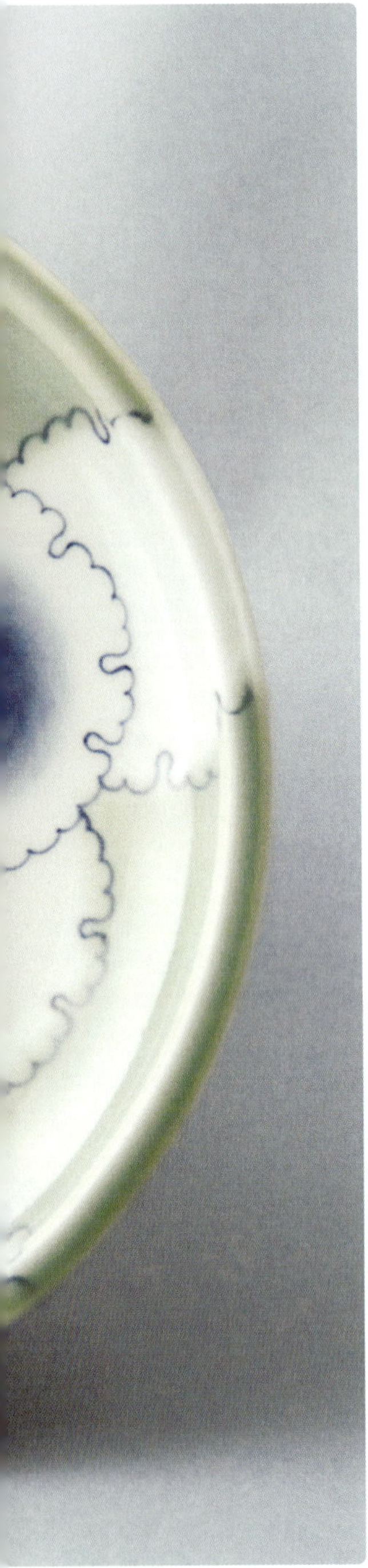

うつくしい水仙の香《か》を氷《こお》らせて

染付《そめつけ》雪輪《ゆきわ》菊《きく》水仙《すいせん》文《もん》大皿《おおざら》
鍋島　江戸時代中期　口径三〇・〇㎝
今右衛門古陶磁美術館

尺皿《しゃくざら》と呼ばれる大皿に、白抜きの雪輪を大きく二つ重ね、水仙と菊を置く。背景は鮮烈に広がる放射状の白抜き地文様として、透きとおるような緊張感ある器《き》面《めん》を作りだしている。

草の根元には、

薄青い空気も

ふわふわと

ひんやり
しずか
翡翠《ひすい》色の
霞《かすみ》

青磁《せいじ》染付《そめつけ》秋草《あきくさ》文皿《もんさら》
鍋島　江戸時代前期　口径二〇・一cm
出光美術館

青磁釉《ゆう》の霞形が、菊、桔梗、藤袴《ふじばかま》、芒《すすき》などの秋草にそっと忍び寄る。どこか硬質な青磁の霞と、秋草の根元にただよう柔らかな青い染付、二つの質の異なる空気感をみごとにあらわしている。

かわいい動物とひと

犬、猫、うさぎ
くまさん、ぞうさん
美少女たちに
謎の生きもの??
人に寄り添い
笑い、遊ぶ
かわいい姿がいっぱい

わたしスフィンクスちゃん♪

緑釉白掻落神獣文鉢《りょくゆうしろかきおとししんじゅうもんはち》
イラン 十一–十二世紀
口径十七・〇㎝ 出光美術館

人間の顔とライオンの体をもつ神獣、スフィンクス。本来ならば、神聖で威厳たっぷりの怪物のはず。しかしかわいいモチーフの宝庫、ペルシア陶器では、人懐《ひとなつ》こい姿に大変身。

くまさん どうして そこで 桃たべる？

青磁熊足燭台《せいじくまあししょくだい》

中国・西晋時代　越窯系
高一一・四cm　出光美術館

両手に桃を持ち、一心に食べる熊がいるのは、なんと燭台の中。ずんぐりボディの熊は中国・西晋《せいしん》時代（二六五―三一六）に大流行《おおはや》り。オリーブグリーンの青磁にしばしば登場する人気者だ。

くまだよ

ワンピもかわいい♪

Image: TNM Image Archives（両頁とも）

小さいものを
かわいがる
その姿が
かわいい

三彩女子《さんさいじょし》

中国・唐時代　高四三・七㎝
東京国立博物館

陶俑《とうよう》は、死者の墓に副葬された人形。表情には幸福そうな笑みが浮かび、右手に小鳥を大切そうにとまらせている。釉薬《ゆうやく》をかけた衣装は光りかがやき、花模様があしらわれる。

おさんぽまぁだ？

Image: TNM Image Archives（両頁とも）

オシリに穴が！

緑釉犬《りょくゆういぬ》

中国・後漢時代　高三〇・七㎝
東京国立博物館

主人の墓を守り、死後の世界を共に暮らすために副葬された。首輪と胴輪に多産の象徴、子安《こやす》貝《がい》を飾る。主人を信じて見上げる、あどけない一瞬の姿のまま時を超えてきた、愛らしい犬である。

やさしい子、います。

埴輪《はにわ》　犬《いぬ》
古墳時代後期　高五一・四㎝
出光美術館

犬などの動物や人をかたどる埴輪は、死者の旅路に寄り添う副葬《ふくそう》品として作られた。素朴な表情には、遠い昔から人のそばに暮らし、よろこびと心の安らぎをもたらしてきた、優しい犬の面影が確かに宿っている。

犬です。馬じゃなくて。
うれしいとプルプルしちゃう。
ずっと
おそばに
いるんだ ワン！

ちびっこエイリアンがおー！

水を張って、筆を洗うとアラ不思議、墨が流れて雲龍《うんりゅう》と化す！

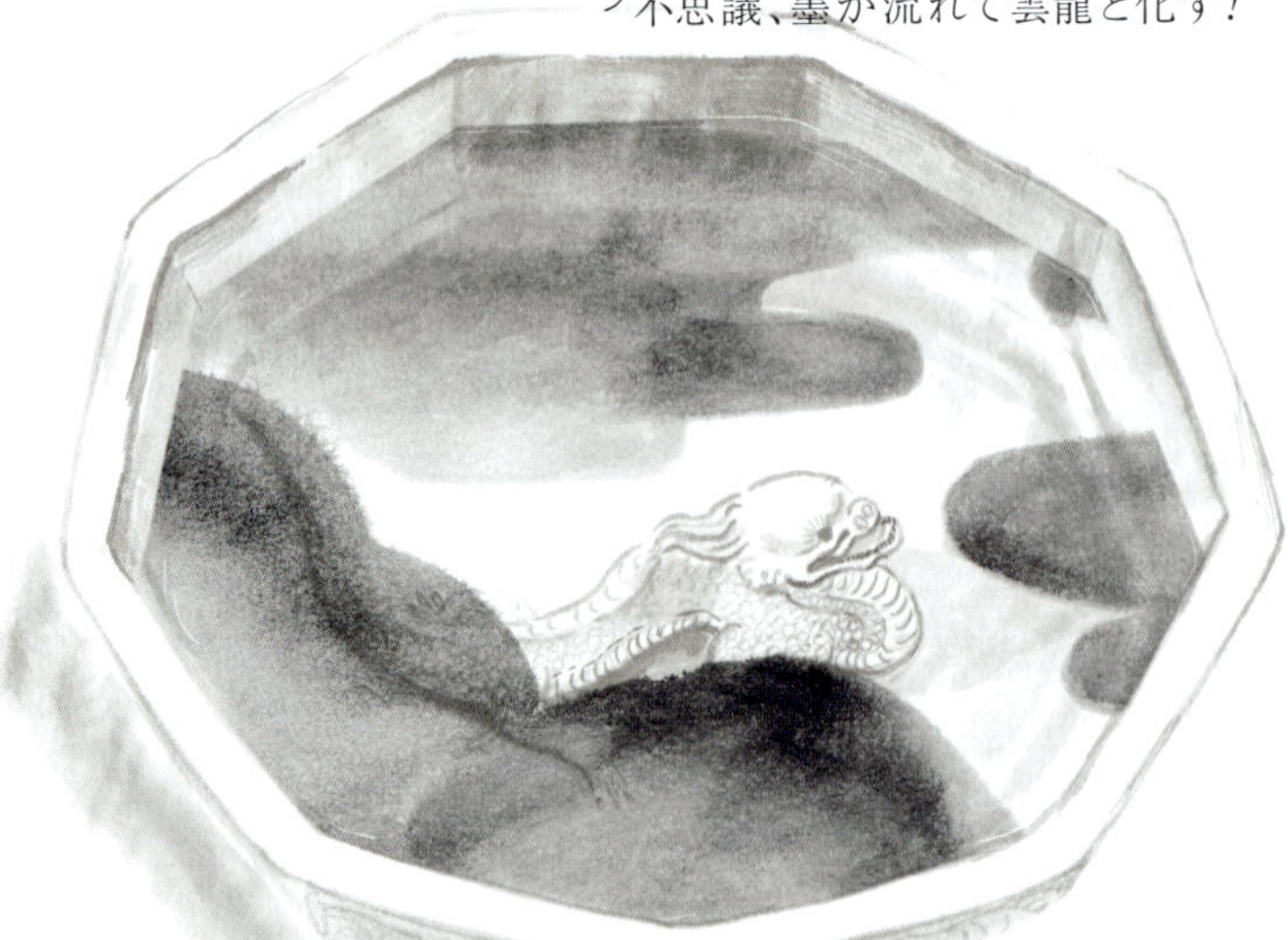

ちいちゃな歯も ちゃんと 生えている！

白磁登龍筆洗《はくじとうりゅうひっせん》
青木木米
江戸時代後期　口径一六・二cm
出光美術館

楕円形の頭をもたげ、小さく鋭い歯を見せる謎の生物は、龍。白磁の筆洗に墨が流れると、雲から頭をのぞかせるかわいい雲龍《うんりゅう》となる仕掛け。文人・木米の茶目っ気がいっぱい。

**このひとが
つくっています**

青木木米《あおきもくべい》
(1767-1833)

江戸時代後期の京焼陶工。祇園の茶屋に生まれる。書に親しみ絵を愛する文人《ぶんじん》達と親しく交友し、文房具や急須など、個性豊かなやきものを作った。

写真提供：新潮社

加彩奏楽女子《かさいそうがくじょし》　五体
中国・唐時代　各高一六・五㎝
伊勢幸子蔵

唐の奏楽女子像の中でも、幼さを感じさせる姿や、小ぶりな楽器など、いかにも可憐で楽しい一組。メンバーみんなで、心を合わせて演奏を始めるその一瞬、音楽の気配までがここにある。

ガールズバンド♥

息を合わせて♪

め、目が回る〜！

色絵人物文鉢《いろえじんぶつもんはち》
イラン　十二−十三世紀　口径一九・七㎝
中近東文化センター

旋回する七体の像は、天使のように見えるが鳥の足があり、有翼の神獣と考えられる。戯れる幼子《おさなご》のようにかわいらしい人や神獣は、ペルシア陶器の大きな魅力。

しんせつなぞうさん

お顔だけじゃなく、

あんよも
象さんみたい！

色絵梅花文四方香炉《いろえばいかもんよほうこうろ》
野々村仁清
江戸時代前期　総高一一・〇cm
出光美術館

仁清色絵《にんせいいろえ》の動物をかたどる愛らしい小品の一つ。白兎を蓋の摘みにちょこんと乗せた香炉は、左右に象耳《ぞうみみ》をつけ、金で縁取りした梅花を赤と薄藍《うすあい》で彩る。蓋には、お香を焚くための菊花形の煙出しがある。

仁清京焼の〈内と外〉

仁清の色絵と白釉《はくゆう》。対照的な二つは、京の〈内と外〉をあざやかに映し出す。

いかにも「京風」の華やかな色絵は、実は意外にも、大名家など京の〈外〉に向けられたやきもの。

そして公家《くげ》屋敷から多く発掘されている、静謐《せいひつ》な白釉は公家好み、つまり京の〈内〉なるやきもの美を宿している。

いまお目醒《めざ》めの、眠り猫さんです

オ・ハ・ヨ♪

高浮彫《たかうきぼり》牡丹《ぼたん》ニ
眠猫覚醒蓋付水指《ねむりねこかくせいふたつきみずさし》
初代 宮川香山
明治時代前期 高三〇・五㎝
田邊哲人コレクション

日光東照宮の奥社参道入口にある、伝・左甚《ひだりじん》五郎《ごろう》作の木彫「眠猫」を題材とする。長い眠りから覚めた猫の様子を、リアルに愛らしくとらえた。華麗な牡丹の花と枝は高浮彫による。

このひとがつくっています

初代 宮川《みやがわ》香山《こうざん》
(1842-1916)

京都の陶家に生まれ、横浜で輸出磁器を手がける。欧州の万博で受賞、彫刻的造形を極めた後、釉薬《ゆうやく》の美へと方向を転換。1896 年帝室技芸員となる。

コラム

「美少年」と呼ばれたやきもの

朱泥茶銚《しゅでいちゃちょう》　銘《めい》　紅顔少年《こうがんしょうねん》
中国・清時代後期　宜興窯
総高5.7cm　高取友仙窟

かわいくてかわいくて、たまらない時、人は恋人に子供に、飼い猫や飼い犬に、あだ名をつける。もちろんあだ名にはそれ以外の理由もあるけれど、仲良しの間での愛称は迸《ほとばし》るような、やり場のないほどの「かわいい！」の発露なのだ。

やきものにも、愛称をもつものがある。この本に登場する「黒楽茶碗《くろらくちゃわん》　銘《めい》此花《このはな》」（一〇八頁）は、白梅をあらわすその銘が、茶碗の周りにゆたかな梅の香りを広げている。

さらに「かわいい！」が嵩《こう》じてしまった愛称の世界が、煎茶《せんちゃ》陶芸である。中国から伝わった煎茶は江戸時代後期に盛んになり、青木木米《あおきもくべい》などの文人陶芸家を輩出した。

近代に入っても煎茶愛好の勢いはとどまらず、奥蘭田《おくらんでん》編著の急須名品図録『茗壺図録《めいこずろく》』には、なんと、美少年を意味する「紅顔少年《こうがんしょうねん》」と名づけられた急須が登場するのである。美少年の急須！ほかにも「陶家佳友《とうかかゆう》」など、楽しい仲間が並ぶ。

顔や手足があるわけではないけれど、かわいいと思って見ていると、そのうち人に見えてくる。そして思わずあだ名をつけて、呼びかけてしまう。これぞ、やきもの愛。

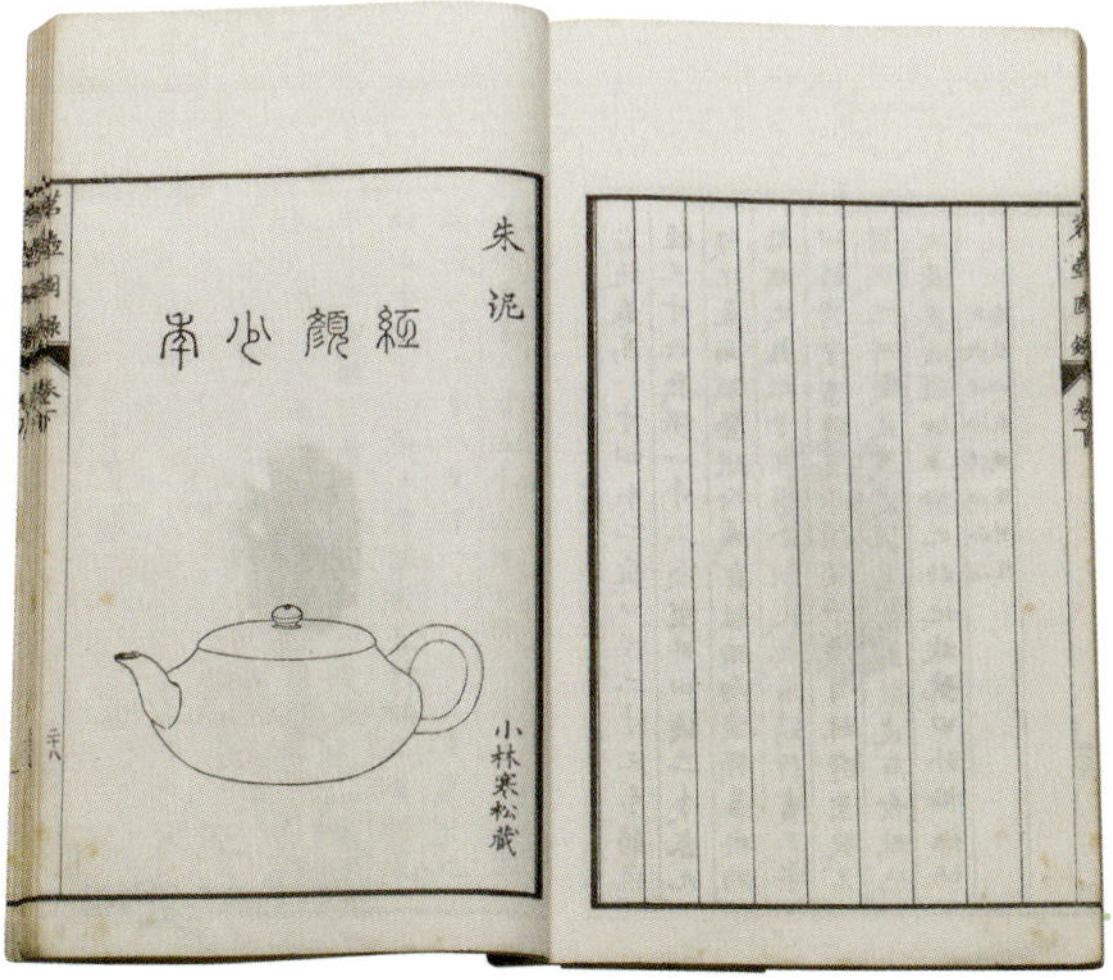

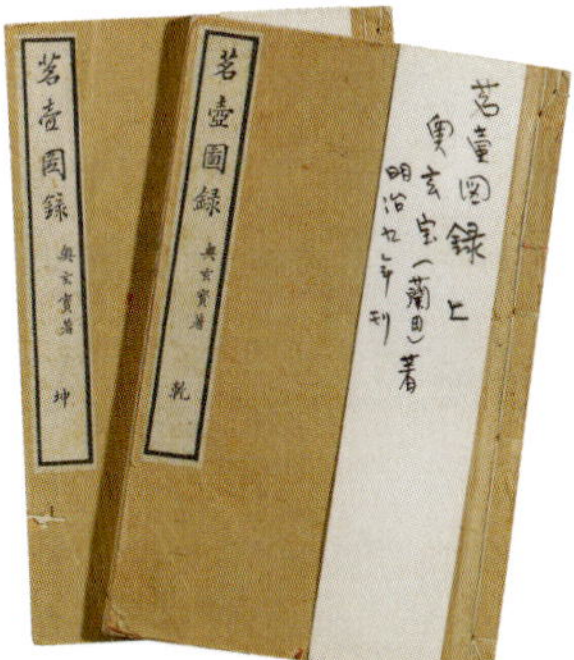

奥蘭田『茗壺図録《めいこずろく》』
明治９年（1876）　高取友仙窟

第二章
〈使う、さわる〉かわいい

やきものは本来、手にとり、口にふれ、使われるものでした。使う時に見えてくる表情や、手ざわり、質感にも、やきものならではのかわいさがあります。

やきものは、光となかよし。意外かもしれませんが、光を透《とお》すのです。土器、陶器、磁器とやきものを大きく三つに分けたうち、磁器には光を透《す》かす性質があります。このため、絵文様のある白磁の杯を戸外や明るい灯りのもとで使うと、お茶やお酒を楽しんだあとに、外側の文様と色が、内側へ可憐に透けて見えてくるのです。これは、使うかわいさ。

京焼の古清水《こきよみず》では「透彫《すかしぼり》」が、器《うつわ》の外へ繊細な光と影を投げかけます。やきものの姿は立体であるがゆえに、器の置かれた室内空間、生活の時間にまで広がってゆくことができるのです。束《つか》の間《ま》の光と影も、やきものが見せてくれる儚《はかな》いかわいさです。

手の感触もまた、かわいいポイント。茶碗は手に包み、茶の温度を感じ、口に運ぶもの。眼と同じくらい、手肌や口で受けとめるやきものです。ほこほこ、ふくふくとした土の感触はどこか温かく、かつて生きものと共にあった土の記憶のよう。

茶の湯や煎茶、欧州の午後の茶会は、くつろぎと憩《いこ》い、誰かとそのひと時を分かち合うよろこびをもたらします。そこに寄り添うのも、やきもの。中国・清《しん》時代の康熙《こうき》帝は、新奇な欧州七宝を応用した、とびきりかわいい花模様の茶器を所望しました。江戸時代の文人陶芸家・青木木米《あおきもくべい》は、友のために小さなお人形を忍ばせた煎茶道具を作っています。

美術品はガラスケースの向こうにある、遠いものかもしれません。けれど、やきものを使う、さわることで感じる〈かわいさ〉は、私たちが毎朝使う紅茶茶碗にも、お皿にも脈々と流れています。私たちの愛すべき友である器の手ざわりを伝って、想像力の助けも借りながら、やきものを使う楽しさ、光、温かさ、やきものが触れ合う心地よい小さな音、そして大好きな人たちの笑いさざめく声を、どうぞ思いめぐらせてみてください。

光となかよし

光を透《す》かす
まばゆく映す
きらめきを放つ
光をふくむ
やきものはいつも
うつくしい
光と離れない

器《うつわ》からこぼれる光のかたち影の優雅《エレガンス》

色絵菊花文透彫六角鉢《いろえきくかもんすかしぼりろっかくばち》
古清水　江戸時代中期　口径二七・四㎝
出光美術館

艶《つや》のある藍、緑に金彩を加えて、内面に菊花を大きく描く。側面全体に及ぶ透彫は仁清《にんせい》から乾山《けんざん》、古清水《こきよみず》へと続く、京焼の美の系譜。光と影の織りなす魅力である。

御簾《みす》越《こ》しの光のような。

きらめき たわわ

彩磁《さいじ》紫陽花《あじさい》透彫《すかしぼり》花瓶《かびん》

初代 宮川香山
明治三〇年（一八九七）
高三〇・二㎝
田邊哲人コレクション

紫陽花の花びらにはガラス質の透明釉《ゆう》をつめた透彫があり、光線に応じてきらきらと表情を変える。雨あがりの雫《しずく》か、朝露の下りたさまか、ゆたかな花姿と共に美しい。

まるで宝石《ビジュー》。

目も絢《あや》な光の贈物

迎春花

1月

杏花

2月

桃花

3月

蘭花

7月

桂花

8月

菊花

9月

五彩十二《ごさいじゅうに》ヵ月《げつ》花《か》卉《き》文杯《もんはい》　十二客
中国・清時代「大清康熙年製」銘　景徳鎮官窯
各口径六・七㎝　出光美術館

中国・清朝《しんちょう》、康熙《こうき》帝の時代に官窯《かんよう》で焼かれた、光を透かすほどに薄い杯。十二ヵ月の花と唐詩の一節をあらわす。花神《かしん》を祭る陰暦二月の「花朝《かちょう》」で、香り高い茶を愉しむために使われたと考えられる。

薄くてきれいな、
こわれもの、
だから、
愛おしい。

蓮花

6月

石榴花

5月

牡丹花

4月

水仙花

12月

梅花

11月

月季花

10月

色絵《いろえ》花筏《はないかだ》文《もん》皿《さら》

鍋島　江戸時代中期　口径二〇・一㎝
出光美術館

のどかな春の川面《かわも》に落ちかかり流れる、桜の花と筏の花筏文は、染織意匠としても好まれた。花と水の幻想的な組合せ、余白をあけた波の構図は、鍋島藩窯《なべしまはんよう》の秀逸なデザイン。

光をふくんだ水
麗《うら》らか

白く塗り残した、波。

水の中まで
光が差し込んでいるみたい！

撫子《なでしこ》の花の両端は、光に溶けて見えるよう、淡く塗られている

彩磁《さいじ》月桂樹《げっけいじゅ》撫子《なでしこ》文《もん》花瓶《かびん》
板谷波山
大正二年（一九一三） 高二九・四㎝
出光美術館

西洋陶磁に学んだ青色は、平塚らいてうの『青踏《せいとう》』、萩原《はぎわら》朔太郎《さくたろう》の『青猫』など時代の色でもあった。花の背後から真昼の光が溢れるような光の表現は、浮彫《うきぼり》と彩色の緻密な工夫による。

内からの光

柔らかさと
なごやかさ

土からうまれた
やきものは
形の中に
生きものの記憶を
宿しています

蒲公英《たんぽぽ》色のひだまりひとつ

黄瀬戸《きせと》草花《くさばな》文《もん》平鉢《ひらばち》
美濃窯　桃山時代　口径二七・三㎝
遠山記念館

油揚肌《あぶらげはだ》と呼ばれる温かく照りのある黄色の釉《うわぐすり》が、ふっくらとした質感の平鉢を包む。愛らしい花文を印で押し、葉の部分には緑彩《りょくさい》を点じて、ほのぼのとした情景があらわれる。

ふわふわ
雪うさぎ
雪とかくれんぼ

志野兎文茶碗《しのうさぎもんちゃわん》
美濃窯　桃山時代　口径一三・二㎝
出光美術館

志野《しの》焼は桃山時代に作られた、国産初の白いやきもの。白釉《はくゆう》の下に描かれた愛らしい兎は、ところどころに白釉が厚くかかり、雪の中を夢中で跳《は》ねまわるように、かわいく幻想的。

なんてかわいいまるみ

赤楽茶碗《あからくちゃわん》　銘《めい》　十王《じゅうおう》
本阿弥光悦
江戸時代初期　口径一〇・五㎝
五島美術館

穏やかな赤色と、底から口までの素直なふくらみが愛らしい。銘「十王」は閻魔《えんま》など、地獄で死者を審理する王たちのこと。帝室技芸員の図案家、岸光景《こうけい》の旧蔵品。

このひとが
つくっています

本阿弥光悦《ほんあみこうえつ》
（1558-1637）

江戸時代初期の京都の芸術家。書は寛永の三筆に数えられ、蒔《まき》絵《え》、陶芸にも秀でた。楽家《らくけ》三代の道入《どうにゅう》と親しく、茶碗は楽家の窯《かま》で焼かれた。

茶碗の中ほどを心もち締めている

だから、姿が
やわらかい

掌《て》の中に白梅の匂いのやわらかさ

黒楽茶碗《くろらくちゃわん》　銘《めい》　此花《このはな》
道入
江戸時代前期　口径一一・六㎝　出光美術館

銘の「此花」は梅の花の別名で、黒釉《こくゆう》をかけ残した部分を白梅に見立てている。梅は和歌の中で、その姿以上に香りを賞されてきた花。加賀に伝わる名碗、ノンコウ七種の一つ。しっとりと掌になじむ。

このひとがつくっています

楽道入《らくどうにゅう》（1599-1656）

楽家三代当主で、江戸時代前期に活躍。「ノンコウ」の通称で知られる。やわらかな造形と艶《つや》めく釉薬《ゆうやく》は、楽茶碗に軽やかさと明るさをもたらした。

小さくて
おりこうで
曲がったことは
いたしません
勇気凛々《りんりん》
力もち
夕方には
河原の土手をぽくぽく歩く
そんな感じの
やきものです

絵《え》唐津《がらつ》柿文《かきもん》水指《みずさし》
桃山時代　重要文化財　高一七・〇㎝
出光美術館

肩の辺りに力強く残るロクロ目や、生気を放つ樹木と果実の文様など、濃密な存在感をもつ水指。耳の付け根には鋲《びょう》を模した飾りがあり、手の込んだ特注品と考えられる。

かわいく
お茶を

幸せな
お茶の時間
美しくかわいく
とびきりおしゃれな
茶器に囲まれて
温かいお茶の香りに
心ほどける

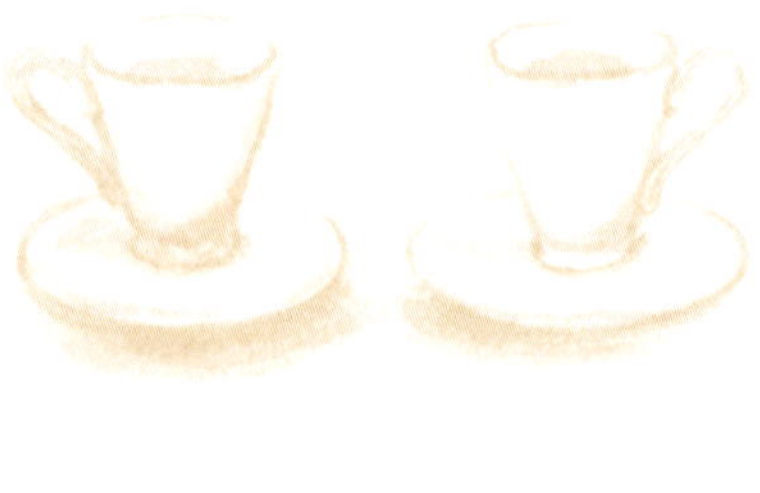

異国の香り花爛《らん》漫《まん》

中国製、

でもヨーロピアン♪

The Collection of National Palace Museum / PPS 通信社

宜《ぎ》興《こう》胎《たい》琺《ほう》瑯《ろう》彩《さい》花《か》卉《き》文《もん》茶《ちゃ》壺《こ》

中国・清時代「康熙御製」銘

宜興窯・養心殿造弁処　総高九・三㎝

国立故宮博物院（台北）

満州人の中国皇帝、清朝・康熙《こうき》帝の時代、西洋七宝を元に宮中工房で誕生したのが琺瑯彩。西洋起源の新技法で豪奢《ごうしゃ》な花を描く茶壺は、しばしば皇帝から漢人高官への下賜品《かしひん》とされた。

お湯が沸《わ》くまで、
カワイイ舞《まい》をどうぞ

友を想うお茶

白泥煙霞幽賞涼炉《はくでいえんかゆうしょうりょうろ》・炉座《ろざ》
青木木米
天保三年（一八三二）
高（涼炉）二六・九cm　出光美術館

紫交趾釉鳳凰文急須《むらさきこうちゆうほうおうもんきゅうす》
青木木米
江戸時代後期　総高一〇・八cm
出光美術館

白い筒形は、上部に炭を入れてお湯を沸かす道具。朱色の台座と人形は、中国から来た煎茶をより美味しく演出する、中国風の舞台装置だ。木米《もくべい》はこれを、友人の求めに応じて作った。

ひらいた扇《おうぎ》に
蝶々の把手《とって》
日本趣味《ジャポニズム》
花ざかり

「紅茶の後《あと》」とは静《しづか》な日の昼過ぎ、紙よりも薄い支那焼《しなやき》の器《うつは》に味《あぢは》ふ暖国《だんごく》の茶の一杯に、いさゝかのコニヤツク酒《しゆ》をまぜ、或《あるひ》はまた檸檬《シトロン》の実《み》の一《ひと》そぎを浮《うか》べさせて、殊更《ことさら》に刺激の薫《かほ》りを強くし、まどろみ勝《が》ちなる心を呼び覚《さま》して、とりとめも無《な》き事を書くといふ意味である。

永井荷風『紅茶の後』序文より
明治四四年十一月

美しい紅茶の時間です。

蝶手付《ちょうてつき》カップ&扇面形《せんめんがた》ソーサー
フランス又はベルギー　生産窯不詳　一八七〇年頃
高（カップ）四・二cm　幅（ソーサー）二三・〇cm
三菱一号館美術館

扇をかたどる皿はエミール・ガレの陶器にもみられ、蝶を飾る茶碗の把手《とって》は、ジャポニズム華やかなりし時代の欧州で好まれた。いずれも東洋への憧れが横溢している。

蝶々のかろやかさで

蝶手付花蝶文《ちょうてつきかちょうもん》
カップ＆ソーサー

フランス　アヴィランド社　一八八〇年代
高（カップ）六・〇㎝　口径（ソーサー）一二・九㎝
三菱一号館美術館

アヴィランド社はフランス、リモージュの窯《かま》。日本美術を蒐集した経営者チャールズ・アヴィランドの時代に、ジャポニズムの器を世に送りだした。繊細な白蝶の把手《とって》が愛らしい。

手のなかに あえかな 夢

木苺《きいちご》に鳥文《とりもん》
カップ&ソーサー
フランス　生産窯不詳
一八九〇年代
高（カップ）五・〇cm
幅（ソーサー）九・八cm
三菱一号館美術館

午後の茶会が美しい社交の時間として定着した、十九世紀末の欧州。パステル・ピンクに繊細な紅、青で木苺を描き、さえずる鳥を金彩であらわした器《うつわ》は、茶会の悦びに満ちている。

特集

〈かわいい〉と〈かわいがる〉の関係

〈かわいい〉はどこに在る？

薄く可憐な白磁の杯、先祖伝来の茶碗、異国から遥々《はるばる》やってきた貴重な飾り皿。そんな〈かわいい〉思いを灯すやきものを、人々はさまざまな方法で、かわいがってきた。

「かわいいやきもの」を考えるとき、忘れてならないのが、やきものの物質的なかわいさだけではなく、その周りに目に見えないオーラをめぐらせている、人々がやきものを〈かわいがって〉きた時間、手間ひま、思いである。

この特集で紹介するのは、何らかの意味で人の手によって元の姿を変えられているやきものたちだ。壊れものであるやきものは、割れたり欠けたりして、完全な姿を失う運命をはらむ。そのかなしい破損が起きた時、〈かわいさ〉は失われてしまうのだろうか。また壊さないように大切にしたいと強く願う時、人々は何をしてきたのか。その答を〈かわいい〉やきものと、それを〈かわいがる〉人々の営みの中に眺めてみたい。

ところ変われば

日本では、やきものと一緒に木製の箸《はし》や椀《わん》を使う。しかしこうした木器文化圏は実は少数派。中国や朝鮮半島、欧州、中近東、つまり世界のより広い場所でやきもの以上に尊ばれてきたのが、金銀などの金属器である。

その金属器文化圏である欧州に、遠い日本から美しい磁器が輸出された時、憧れの品を手に入れた彼らは、どうしたか。

「色絵花鳥文角瓶《いろえかちょうもんかくびん》」［図1］が好例だ。日本製の柿右衛門《かきえもん》磁器に、なんと彼らの大好きな金属の蓋《ふた》や足を付けてしま

［図1］ 色絵花鳥文角瓶《いろえかちょうもんかくびん》 一対 柿右衛門 江戸時代前期 総高34.7㎝ 佐賀県立九州陶磁文化館

うのだ。まるで着せ替え人形のようだが、金属器を付けることで欧州の生活様式、建築空間になじませる狙いもあったのだろう。

エキゾチックな魅力があるとはいえ、日本人から見れば「金属をつけない、そのままでも綺麗なのに」と奇異に映るかもしれない。しかしこれが、欧州貴族たちの、待ち焦がれた美しいやきものに対する〈かわいがり方〉なのである。同じ〈かわいい〉やきものも、ところ変われば、〈かわいがり方〉が変わる。

愛おしくて、絆創膏

なにかを加えるといえば、「青磁茶《せいじちゃ》碗《わん》 銘《めい》 馬蝗絆《ばこうはん》」［図2］だ。中国・南《なん》宋《そう》時代の名窯《めいよう》・龍泉窯《りゅうせんよう》で焼かれた、澄みきった青磁茶碗。だがその下の方には、何やらホチキス止めのような、絆《ばん》

Image: TNM Image Archives（両頁とも）

創膏《そうこう》のようなものが見える。

「馬蝗絆」は元々、室町幕府の将軍、足利義《あしかがよし》政《まさ》（在職一四四九－七三）が所持していた。底にひび割れがあったため、代わりの茶碗を求めて、この茶碗を中国へ送ったという。ところが中国では、同じような美しい青磁はもう焼けなくなってしまったからと、金属の鎹《かすがい》で丁寧に留めて、義政のもとに送り返してきた。その大きな蝗《いなご》を思わせる鎹から、「馬蝗絆」の名がつき、いよいよ大切にされたという物語。

鎹がない方が、青磁茶碗としては美しい。でもその美しさと、鎹を打たれた後の美しさは、別のところにある。完全さは失ったけれど、大切に持ち続けた所有者の思いと、その思いに応え、繕《つくろ》って送り返した人の思いが、目に見えるものとなって加わった。思いが海を越えて往還したその美しさが「馬蝗絆」を宝物にしたのである。

怪我《けが》をした子供に絆創膏を貼って、家に送り返してあげるような、これもやきものの〈かわ

［図2］ 青磁茶碗《せいじちゃわん》 銘《めい》 馬蝗絆《ばこうはん》 中国・南宋時代 龍泉窯 重要文化財 口径15.4㎝ 東京国立博物館

いがり〉である。〈かわいい〉は決して、完全な外形にだけあるのではない。

金継ぎで新世界

欠けてしまったやきものを直す、もう一つの方法が金継《きんつ》ぎである。「絵唐津葦文大皿《えがらつあしもんおおざら》」［図3］は、器面の左上が黄金に輝く。これは当初からの色ではない。割れてしまった部分を、漆《うるし》を接着剤にして継ぎ、その上から金粉を蒔《ま》いてあるのだ。

まぎれもない補修の痕だが、同時にきらびやかで大胆な、装飾としての新しい命が吹き込まれていることも見逃せない。大きな月が輝くなか、川辺の葦が風にそよいでいるような、まったく新しい世界が金継ぎによって現れた。

破損というマイナスを、見事にプラスに転じてしまう、技と心意気がここにある。

かわいすぎて箱入り娘

もちろん、〈かわいがる〉のは壊れた後だけ

［図3］ 絵唐津葦文大皿《えがらつあしもんおおざら》　桃山時代　口径 42.2㎝　出光美術館

ではない。お蚕《かいこ》ぐるみのような〈かわいがり〉を見せてくれるのが、「瀬戸大海茶入《せとたいかいちゃいれ》　銘《めい》置紋《おきもん》」とその付属品だ［図4］。肝心の茶入はどこに?と探さなければならないほど、前面中央にちょこんと在る褐色の小さな茶入は、いくつもの箱と華やかな布に埋《うず》もれている。

付属品をよく見てゆくと、まずは外箱と内箱二つ。内箱一つを容れた青い絹製の仕覆《しふく》に、更紗《さらさ》などの風呂敷が三枚。それに着替えのドレスのような三枚の仕覆と、替えの帽子を思わせる二枚の象牙《ぞうげ》の蓋まで持っている。茶入のためのドールハウスかと思うほどの、大所帯ぶりだ。

「置紋」は高さ6センチにも満たない、小さな茶入。しかし外箱を風呂敷に包んだところは、さしずめ壺の一つもしまえそうなサイズに膨れ上がる。過保護ともいうべき、まさに「箱入り娘」の体である。この大量の付属品にも、「置紋」を大切に守り伝えてきた数多《あまた》の人たちの思いが、ぎゅっと詰まっている。なんと、かわいがられてきた器《うつわ》だろう。

［図4］ 瀬戸大海茶入《せとたいかいちゃいれ》 銘《めい》 置紋《おきもん》 江戸時代初期 高 5.8㎝ 出光美術館

金属の飾りを付けてしまう、大きな鎹《かすがい》があっても宝物にする、欠損そのものを新しい魅力に変えてしまう、どうかと思うほどの大量の箱や布で包んでしまう——いずれもなにかの過剰だ。だがその過剰は〈かわいがり〉の賜物《たまもの》にほかならない。かわいくて、かわいくて仕方がない、大切な壊れもの。だからこそ壊れないように〈かわいがり〉、壊れてしまっても、その〈かわいい〉思いは止むことがない。

かわいいから、かわいがる。かわいがるから、もっと、かわいくなる。物質としての限界を突破して、やきものの命を永遠に継いでゆこうとする——〈かわいい〉は思いと営みの、循環の中に育ってゆく。

P88·89…

高浮彫牡丹ニ眠猫覚醒蓋付水指

初代 宮川香山　明治時代前期

Fresh-water Jar with Peony and Cat Design. Miyagawa Kōzan Ⅰ (1842-1916). Japan.

P90·91… コラム「美少年」と呼ばれたやきもの

朱泥茶銚　銘 紅顔少年　中国・清時代後期　宜興窯

Tea Pot Known as "Kōgan Shōnen" (Pretty Boy). China. 19C.

奥蘭田『茗壺図録』明治 9 年（1876）

Illustrated Book on Tea Pots, Meiko-Zuroku. Oku Randen. Japan. 1876.

P94·95… **色絵菊花文透彫六角鉢**

古清水　江戸時代中期

Openwork Hexagonal Bowl with Chrysanthemum Design. Japan. 18C.

P96·97… **彩磁紫陽花透彫花瓶**

初代 宮川香山　明治 30 年（1897）

Openwork Vase with Hydrangea Design. Miyagawa Kōzan Ⅰ (1842-1916). Japan.

P98·99…

五彩十二カ月花卉文杯　十二客

中国・清時代「大清康熙年製」銘

Set of Cups with Design of Flowers and Calligraphy Throughout the Twelve Months. China. 18C.

P100·101… **色絵花筏文皿**

鍋島　江戸時代中期

Dish with Cherry Blossoms and Rafts on Waves Design. Japan. 17-18C.

P102·103… **彩磁月桂樹撫子文花瓶**

板谷波山　大正 2 年（1913）

Vase with Laurel and Pinks Design. Itaya Hazan (1872-1963). Japan.

P104·105… **黄瀬戸草花文平鉢**

美濃窯　桃山時代

Bowl with Floral Design. Japan. 16C.

P106… **志野兎文茶碗**

美濃窯　桃山時代

Tea Bowl with Rabbit Design. Japan. 16-17C.

P107… **赤楽茶碗　銘 十王**

本阿弥光悦　江戸時代初期

Tea Bowl Known as "Jyū-Ō" (Ten Kings). Honami Kōetsu (1558-1637). Japan.

P108·109… **黒楽茶碗　銘 此花**

道入　江戸時代前期

Tea Bowl Known as "Konohana" (Plum Blossom). Dōnyū (Nonkō, 1599-1656). Japan.

P110·1113… **絵唐津柿文水指**

桃山時代

Fresh-water Jar with Persimmon Tree Design. Japan. 16-17C.

P113… **宜興胎琺瑯彩花卉文茶壺**

中国·清時代「康熙御製」銘　宜興窯·養心殿造弁処

Tea Pot with Floral Design. China. 18C.

P114·115… **白泥煙霞幽賞涼炉・炉座**

青木木米　天保三年（1832）

Brazier and Stand. Aoki Mokubei (1767-1833). Japan.

紫交趾釉鳳凰文急須

青木木米　江戸時代後期

Covered Teapot with Phoenix Design. Aoki Mokubei (1767-1833). Japan.

P116·117…

蝶手付カップ＆扇面形ソーサー

フランス又はベルギー　生産窯不詳

1870 年頃

Cup with Butterfly-shaped Handle and Fan-shaped Saucer. France or Belgium. c. 1870.

P118…

蝶手付花蝶文カップ＆ソーサー

フランス　アヴィランド社

1880 年代

Cup with Butterfly-shaped Handle and Saucer. France. 1880s.

P119…

木苺に鳥文カップ＆ソーサー

フランス　生産窯不詳　1890 年代

Cup and Saucer with Raspberry and Bird Design. France. 1890s.

P120·125… 特集〈かわいい〉と〈かわいがる〉の関係

［図 1］**色絵花鳥文角瓶　一対**

柿右衛門　江戸時代前期

Pair of Square Bottles with Bird-and-Flower Design. Japan. 17C.

［図 2］**青磁茶碗　銘 馬蝗絆**　中国・南宋時代　龍泉窯

Tea Bowl. China. 13C.

［図 3］**絵唐津葦文大皿**　桃山時代

Dish with Reed Design. Japan. 16-17C.

［図 4］**瀬戸大海茶入　銘 置紋**　江戸時代初期

Tea Caddy Known as "Oki Mon" (Crest). Japan. 17C.

公益財団法人 出光美術館

出光美術館は、昭和 41 年（1966）、出光コレクションを展示する美術館として、皇居のお濠に面した帝劇ビルの 9 階に開館した。日本の書画、中国・日本の陶磁器など東洋古美術を中心に、ルオーやサム・フランシス、小杉放菴や板谷波山などのコレクションがある。テーマに沿った内容で年 5～6 回の展覧会を開催している。またアジア各国および中近東の陶片資料を集めた陶片室は、充実した陶磁器コレクションをもつ美術館ならではの施設である。平成 12 年（2000）には、門司港レトロ地区に出光美術館（門司）を開館した。

開館時間——午前10時～午後5時（入館は午後4時30分まで）
毎週金曜日は午後7時まで（入館は午後6時30分まで）

休館日——毎週月曜日（ただし月曜日が祝日および振替休日の場合は開館）
年末年始および展示替期間

入館料——一般 1000円／高·大生 700円／中学生以下無料（ただし保護者の同伴が必要です）
※障害者手帳をお持ちの方は200円引、その介護者1名は無料です

所在地——〒100-0005　東京都千代田区丸の内3-1-1　帝劇ビル9階

電話——03-5777-8600（ハローダイヤル）

HP——http://www.idemitsu.co.jp/museum/

［最寄駅］

● JR「有楽町」駅
国際フォーラム口より徒歩5分

● 東京メトロ
有楽町線「有楽町」駅
都営三田線「日比谷」駅
B3出口より徒歩3分

● 東京メトロ
日比谷線·千代田線「日比谷」駅
有楽町線方面 地下連絡通路経由
B3出口より徒歩3分

作品は常に展示されているとは限りません。上記情報は変更になる場合があります。事前に電話やウェブサイト等でご確認ください。

作品リスト
List of Plates

P2…色絵芥子文茶壺
野々村仁清　江戸時代前期
Tea Jar with Poppy Design. Nonomura Ninsei. Japan. 17C.

P13…色絵吉野山図茶壺
野々村仁清　江戸時代前期
Tea Jar with Cherry Blossom Design. Nonomura Ninsei. Japan. 17C.

P14·15…粉彩団蝶文碗　二客
中国・清時代「大清雍正年製」銘
Pair of Bowls with Butterfly Design. China. 18C.

P16·17…色絵熨斗文茶碗
野々村仁清　江戸時代前期
Tea Bowl with Ribbon Design. Nonomura Ninsei. Japan. 17C.

P18·19…粉彩花鳥文扁壺
中国・清時代「大清雍正年製」銘
Flask with Bird-and-Flower Design. China. 18C.

P20…色絵花盆文髭皿
古伊万里　江戸時代中期
Barber's Bowl with Flower in Pot Design. Japan. 18C.

P21…粉彩花卉文髭皿
中国・清時代
Barber's Bowl with Floral Design. China. 18C.

P22·23…色絵菖蒲文大皿
古九谷　江戸時代前期
Dish with Iris Design. Japan. 17C.

p24·25…百合形向付　五客
野々村仁清　江戸時代前期
Set of Lily-shaped Bowls for Serving Food. Nonomura Ninsei. Japan. 17C.

P26·27…葆光白磁牡丹文花瓶
板谷波山
大正時代末期〜昭和時代初期
Vase with Peony Design. Itaya Hazan (1872-1963). Japan.

P28－31…色絵花鳥流水文蓋物
柿右衛門　江戸時代前期
Lidded Bowl with Bird-and-Flower and Flowing Water Design. Japan. 17C.

P32·33…白釉耳付水指
野々村仁清　江戸時代前期
Fresh-water Jar with Ears. Nonomura Ninsei. Japan. 17C.

P34·35…コラム　白を生む色
青花木蓮文瓶　中国・清時代前期
Vase with Magnolia Design. China. 17-18C.

色絵石楠花文皿　鍋島　江戸時代中期
Dish with Rhododendron Design. Japan. 17-18C.

銹絵水仙文茶碗
野々村仁清　江戸時代前期
Tea Bowl with Narcissus Design. Nonomura Ninsei. Japan.17C.

P36·37…彩磁玉葱形花瓶
板谷波山　明治 30 年代
Onion-shaped Vase. Itaya Hazan (1872-1963). Japan.

P38·39…旭彩山桜花瓶
三代 清風與平　明治 38 年（1905）
Vase with Cherry Blossom Design. Seifū Yohei Ⅲ (1851-1914). Japan.

P40…蘋果緑水滴
中国・清時代「大清康熙年製」銘
Water Dropper. China. 18C.

P41…桃花紅合子　二客
中国・清時代「大清康熙年製」銘
Pair of Ink Containers. China. 18C.

P42·43…葆光彩磁草花文花瓶
板谷波山　大正 6 年（1917）
Vase with Tulip Design. Itaya Hazan (1872-1963). Japan.

P44·45…粉引茶碗　銘 雪の曙
川喜田半泥子　千歳山窯　昭和時代前期
Tea Bowl Known as "Yuki no Akebono" (Snowy Dawn). Kawakita Handeishi (1878-1963). Japan.

P47…青磁筍形水注
朝鮮・高麗時代
Pitcher in Shape of Bamboo Shoot. Korea. 12C.

P48·49…色絵花卉文虫籠形香炉
古伊万里　江戸時代中期
Covered Incense Burner in Shape of Insect Cage. Japan. 17-18C.

P50·51…古染付兎形向付　五客の内
中国・明時代末期
Dish in Shape of Hare. China. 17C.

P52·53…色絵龍田川図向付　十客
尾形乾山　江戸時代中期
Set of Dishes in Shape of Maple Leaves with Tatsuta River Design. Ogata Kenzan (1663-1743). Japan.

P54·55…色絵柴垣桜花文向付　六客
鍋島　江戸時代中期
Set of Bowls for Serving Food with Cherry Blossom and Brushwood Fence Design. Japan. 17-18C.

P56·57…小物入れ「貝殻に亀」
イギリス　ロイヤル・ウースター社
1880 年頃
Shell-Shaped Accessory Case with Turtle Design. England. c. 1880.

P58·59…色絵釘隠　二十一個の内
伝 野々村仁清　江戸時代前期
Decorative Nail Covers in Fan and Chrysanthemum Shapes. Nonomura Ninsei. Japan. 17C.

P60·61…瑠璃釉雫文花形皿
鍋島　江戸時代前期
Dish in Shape of Flower with Water Droplet Design. Japan. 17-18C.

P62·63…色絵梅に雷雨文大鉢
柿右衛門　江戸時代前期
Bowl with Rain, Thunder, and Plum Blossom Design. Japan. 17C.

P64·65…青磁染付雪輪文皿
鍋島　江戸時代中期
Dish with Snow Design. Japan. 18C.

P66·67…染付雪輪菊水仙文大皿
鍋島　江戸時代中期
Dish with Snow, Narcissus, and Chrysanthemum Design. Japan. 18C.

P68·69…青磁染付秋草文皿
鍋島　江戸時代前期
Dish with Autumn Plant Design. Japan. 17C.

P70·71…緑釉白掻落神獣文鉢
イラン　11-12 世紀
Bowl with Sphinx Design. Iran. 11-12C.

P72·73…青磁熊足燭台
中国・西晋時代　越窯系
Lamp with Bear-Shaped Stand. China. 4C.

P74·75... 三彩女子
中国・唐時代
Girl with Bird. China. 8C.

P76·77…緑釉犬
中国・後漢時代
Dog. China. 2-3C.

P78·79…埴輪　犬
古墳時代後期
Dog. Japan. 6C.

P80·81…白磁登龍筆洗
青木木米　江戸時代後期
Brush Washer with Dragon Design. Aoki Mokubei (1767-1833). Japan.

P82·83…加彩奏楽女子　五体
中国・唐時代
Girls Playing Music. China. 7-8C.

P84·85…色絵人物文鉢
イラン　12-13 世紀
Bowl with Figure Subjects. Iran. 12-13C.

P86·87…色絵梅花文四方香炉
野々村仁清　江戸時代前期
Square Incense Burner with Plum Blossom Design. Nonomura Ninsei. Japan.

● 著者

柏木麻里（かしわぎ まり）

ドイツ・エルランゲン生まれ。慶應義塾大学大学院後期博士課程単位取得退学。専門は日本・中国陶磁史。2008年より出光美術館学芸員。「三代 山田常山」展、「板谷波山の夢みたもの」展、「仁清・乾山と京の工芸」展などの展覧会を企画担当。主な論文に「康熙五彩の花鳥・山水意匠と餖板套印畫譜――その造形と享受の特質について」（『國華』1304号）、「板谷波山の植物意匠における「生命」の表象――波山芸術の「原型」誕生期をさぐる」（『出光美術館研究紀要』18号）、「乾山焼の文芸意匠における〈引用〉の芸術的意義――『円機活法』および光琳乾山合作をめぐって」（『出光美術館研究紀要』20号）など。

詩人としても活動し、第33回現代詩手帖賞受賞。詩集『音楽、日の』、『蜜の根のひびくかぎりに』（共に思潮社）、童謡詩集＆CD『KOHAKU 歌われる詩たち』があるほか、花王、資生堂などの広告にも詩を執筆。国際芸術センター青森、森岡書店などで詩のインスタレーション展示を行う。詩は英語、スペイン語、マケドニア語などに翻訳されている。ストルガ国際詩祭招待参加。

● 編集……有限会社 和銅社

● 翻訳……有限会社 ザ・ワード・ワークス （ルース・マクレリー）

● デザイン・イラスト……岩橋香月［デザインフォリオ］

かわいいやきもの

Ceramics from Japan and Around the World――Kawaii!

2016年6月5日　初版第1刷発行

● 著者……柏木麻里

● 発行者……乾 哲弥

● 発行所……株式会社 東京美術

〒170-0011　東京都豊島区池袋本町3-31-5

電話（03）5391-9031　FAX（03）3982-3295

http://www.tokyo-bijutsu.co.jp

● 印刷・製本……大日本印刷 株式会社

落丁・乱丁はお取り替えいたします。
定価はカバーに表示しています。

ISBN 978-4-8087-1061-3 C0072